本书为国家自然科学基金面上项目（批准号：72372155）、中国人民大学习近平新时代中国特色社会主义思想研究工程项目之"习近平关于人才工作论述研究"（批准号：22XNQ010）阶段性成果。

国有企业
人才管理实践研究

刘松博◎ 著

U0650255

中国铁道出版社有限公司
CHINA RAILWAY PUBLISHING HOUSE CO., LTD.

图书在版编目（CIP）数据

国有企业人才管理实践研究/刘松博著.—北京:中国
铁道出版社有限公司,2024.9
ISBN 978-7-113-31293-0

Ⅰ.①国… Ⅱ.①刘… Ⅲ.①国有企业-人才管理-
研究-中国 Ⅳ.①F279.241

中国国家版本馆 CIP 数据核字(2024)第 108855 号

书　　名：**国有企业人才管理实践研究**
　　　　　GUOYOU QIYE RENCAI GUANLI SHIJIAN YANJIU
作　　者：刘松博

责任编辑：奚　源　　　　　　　　编辑部电话：(010)51873005
封面设计：郑春鹏
责任校对：安海燕
责任印制：赵星辰

出版发行：中国铁道出版社有限公司(100054,北京市西城区右安门西街 8 号)
网　　址：http://www.tdpress.com
印　　刷：北京铭成印刷有限公司
版　　次：2024 年 9 月第 1 版　2024 年 9 月第 1 次印刷
开　　本：710 mm×1 000 mm 1/16　印张：12　字数：190 千
书　　号：ISBN 978-7-113-31293-0
定　　价：68.00 元

前　言

近年来,以《关于深化国有企业改革的指导意见》为统领的"1+N"政策体系逐步出台,为深化国有企业改革提供了顶层设计。"国企改革三年行动方案"已经收官,新一轮"国企改革深化提升行动"正如火如荼,"双百行动"深入实施,"科改示范行动"全面提速,"区域性综改试验"稳步进行,"三项制度改革"获得实质性突破,多项改革试点和专项工程出新出彩,改革示范引领和突破带动作用充分发挥,新一轮国有企业改革正在梯次展开、纵深推进。

各级国资委和各类国有企业历来将人才管理体系建设和队伍建设视为最重要的管理工作之一,经过多年的摸索,已经积累了大量的经验,明确了需要解决的问题,并基本找到了问题的症结所在。在此基础上,主管部门出台了大量的针对性政策进行引导,"十四五"期间对八项重点工作,即规划、培养、选任、考评、激励、引进、环境和组织八个层面提出了具体要求,目前已经取得了突出进展。必须看到,在百年变局的复杂形势下,在建成世界重要人才中心和创新高地的新要求下,国有企业人才管理体系建设工作还有很长一段路要走。

我国人才工作长期面临着"人才队伍结构性矛盾突出、人才政策精准化程度不高、人才发展体制机制改革'最后一公里'不畅通"等一系列问题。同时,人口红利优势减退、关键领域人才供给不足、核心技术受制于人、基础性创新匮乏等问题逐步凸显。尽管多年来国家的人才政策高度重视人才的"松绑""授权",意在扫除阻碍人才发展的各种"拦路虎""绊脚石",尤其是近年来,各级"十四五"人才发展规划方案纷纷出台,结合实际制定了目标方向和重点举措,但很多地方尚未彻底扭转选人用人的"资历观""台阶观""人情观",能力导向和市场导向的人才培养引进选用机制尚需完善,人才问题仍然是深化国企管理的难点、堵点和痛点。

国有企业人才管理体系建设和人才队伍建设研究具有重大的理论意义,这是因为,在人才学研究领域,学者们对于宏观的人才政策的关注较多,但是对于微观的人才管理实践的研究还不够深入。我国目前人才管理实践研究的焦点较为分散,侧重讨论人才培养、人才评价与考核等不同板块(董媛媛等,2023;陈劲等,2023),也有研究从高校智库、金融科技、新闻媒体等具体行业的角度切入人才管理机制与策略研究(吴玉阁等,2022;张欣,2019;王军,2020),但视角往往比较宏观,且针对中国特色管理情境的研究不充分。

中国有着与西方完全不同的文化传统、经济基础,地域和制度也存在显著差异(丁元竹等,2021)。国有企业尤其特殊。作为一种具有市场和政治双重属性的混合型组织(Bruton et al.,2015),国企覆盖行业广、存在时间长、与政府关系密切,在创新发展和管理实践中表现出一些独有特点。在全民所有制下,国有企业往往能够获得更多来自政府的制度支持,享受土地、资金等关键资源的倾斜,在经济发展中表现出领先地位;同时,受到中国传统组织管理风格的影响,很多国有企业内部表现出典型的高权力距离、重视人际关系、强调集体主义、市场化导向不强等特点;另外,国有企业受到国资管理机构的强监管和控制,干部系统由组织部门选聘任命,有其独特的运行机制与制度特征,党管人才、党组织内嵌、薪酬管制、任期制与契约化等做法对国企内部的人才管理实践产生重要影响(辛宇和昌长江,2012)。

本书对相关政策和学术文献进行了全面梳理,对国有企业人才管理实践的现状进行了分析,并提出了相应的政策建议。本书将国有企业人才管理体系分为六个核心体系(即党管人才、人才规划、人才获取、人才开发、人才评价和人才激励)、三个基础体系(即岗位管理、劳动关系和数字化),并对三类重点人才[即科技人才、经营管理人才(在本书中分为国有企业干部和国有企业家两个部分)和高技能人才]的管理进行了介绍和分析,力图对推动国有企业的人才管理体系建设的理论和实践作出贡献。

多名学生参与了本书的文献整合和书稿整理工作,对本书的最终成稿作出贡献。他们分别是:张硕(第一章、第八章)、李静雯(第二章)、厉姿含(第三章)、郭浩磊(第四章)、张晓雅(第五章、第九章)、陈誉心(第六章、第七章)、程进凯(第十章)、王佩(第十一章)、张凯瑞(第十二章)、李好(第十三章)。

著　者

2024 年 5 月

目　　录

第一部分

六大核心体系

● 第一章　党管人才

一、引言

习近平总书记在全国国有企业党的建设工作会议上指出:"中国特色现代国有企业制度,'特'就特在把党的领导融入公司治理各环节,把企业党组织内嵌到公司治理结构之中……"2023 年 12 月修订通过的《中华人民共和国公司法》第一百七十条也明确:"国家出资公司中中国共产党的组织,按照中国共产党章程的规定发挥领导作用,研究讨论公司重大经营管理事项,支持公司的组织机构依法行使职权。"国有企业覆盖国民经济的战略性支柱产业,是中国特色社会主义的重要物质基础和政治基础。全面加强党对国有企业的领导,是推进国有企业高质量发展的根本保证,也是全面深化党的领导的内在要求(荆蕙兰和邹璐,2023)。现有研究探讨了国有企业党建工作与企业文化创新、公司治理结构、国有企业改革发展等方面的关系。

与此同时,随着经济社会发展,各类人才不断涌现,党需要不断创新人才管理体制机制以引领人才,"党管人才"概念应运而生(侯岩和史彦虎,2013)。习近平总书记在中央人才工作会议上指出:"综合国力竞争说到底是人才竞争。人才是衡量一个国家综合国力的重要指标。"企业之间的竞争亦是人才的竞争,面对百年未有之大变局,国有企业亟待寻求改革新动力、发展新机遇、激发新活力。在此背景下,如何加强企业人才队伍建设,做好"党建+人才"工作是现阶段国有企业党建要解决的重要问题。因此,分析国有企业如何开展党管人才工作,具有重要现实意义。

现有关于国有企业党管人才的研究主要围绕国有企业党管人才工作案例展开,以企业具体实践探讨国有企业党管人才路径(杨晓军,2013;陈小沐和曾梨花,2022;陈镇华,2022),也有研究分析了国有企业党管人才的原则问题并提出了理论建议(侯岩和史彦虎,2013)。然而,这些研究大部分内容较为分散,尚未形成较为统一的研究体系(陈镇华,2022),缺乏理论与实践的结合。因此,系统分析党领导国有企业人才建设的现状、问题与举措,并将理论结合实践,具有重要理论意义。

回顾我们党的历史可以清楚地看到,在长期奋斗中,党所形成的独特优势是全面的,包括理论优势、政治优势、组织优势、制度优势和密切联系群众优势。国有企业党管人才工作的开展需要充分发挥党的独特优势。综上所述,本章将基于现有文献与实践案例,梳理国有企业党管人才发展现状,剖析国有企业党管人才工作的现状,从党的五大独特优势角度提出国有企业强化党管人才的路径,并运用案例分析研究方法,进一步讨论国有企业党管人才措施的可行性,为国有企业党管人才工作开展提供理论指导与实践借鉴。

二、政策及文件分析

(一)国企党建日趋成熟,党的领导贯彻企业

党管干部是一项重要原则。毛泽东同志于 1938 年在党的六届六中全会上提出了党管干部的重要思想。1953 年 4 月由中央组织部印发的《关于政府干部任免手续的通知》是最早出现党管干部字样的党内文件。坚持党的领导、加强党的建设,是我国国有企业的光荣传统,是国有企业的"根"和"魂",党的十八大以来,中国特色社会主义进入新时代。以习近平同志为核心的党中央围绕国有企业党建工作作出一系列重大决策部署。

2015 年 8 月,中共中央、国务院印发《关于深化国有企业改革的指导意见》,将国有企业章程纳入党建工作总体要求,明确国有企业党组织在公司法人治理结构中的法定地位,提出了党建工作"四同步",即在国有企业改革中党的建设同步谋划、党的组织及工作机构同步设置、党组织负责人及党务工作人员同步配备、党的工作同步开展,为新时代国有企业党建工作提供了重要纲领性文件。

2015 年 9 月，中共中央办公厅印发《关于在深化国有企业改革中坚持党的领导加强党的建设的若干意见》，强调坚持党的建设与国有企业改革同步谋划、坚持党管干部原则、严格落实国有企业党建工作责任制等，把建立党的组织、开展党的工作，作为国有企业推进混合所有制改革的必要前提。

2016 年 10 月，在全国国有企业党的建设工作会议上，习近平总书记指出："坚持党的领导、加强党的建设，是我国国有企业的光荣传统，是国有企业的'根'和'魂'，是我国国有企业的独特优势。"会议提出了国有企业坚持党的领导、加强党的建设总的要求，提出了国企两个"一以贯之"和"中国特色"现代国有企业制度，并进一步阐明了国有企业党的领导方式、国有企业领导人员管理、国有企业各级党委责任等一系列重大理论和实践问题。会议指明了国有企业改革发展和党建工作的前进方向并提供了根本遵循。

2017 年，中央组织部、国务院国资委党委制定《中央企业党建工作责任制实施办法》（简称《办法》），明确党委（党组）主体责任、党委（党组）书记第一责任、专职副书记直接责任、其他班子成员"一岗双责"的具体内容。该《办法》为中央企业管党治党工作提供了重要制度安排，有助于中央企业坚持党的领导、加强党的建设，落实党中央全面从严治党决策部署。

2019 年 12 月，中共中央印发《中国共产党国有企业基层组织工作条例（试行）》（简称《条例》）。《条例》对国有企业党组织的工作作出具体规定，明确其职责、任务和工作要求，并进一步明确了国有企业党的领导和公司治理、党员队伍建设、党内民主和监督等方面的内容。条例是新时代加强国有企业党的建设的基本遵循，为国有企业党组织建设提供了更加具体的指导和依据。

2021 年 5 月，中共中央办公厅印发《关于中央企业在完善公司治理中加强党的领导的意见》（简称《意见》）。《意见》坚持以习近平新时代中国特色社会主义思想为指导，明确了中央企业党委（党组）在决策、执行、监督等各环节的权责和工作方式。意见强调中央企业党委（党组）在公司治理结构中具有法定地位，要充分发挥领导作用；各地区各有关部门和各中央企业党委（党组）要加强分类指导，鼓励探索创新，在国有企业完善公司治理中切实加强党的领导。

表 1.1　新时代以来国有企业党建相关政策文件

时　间	发文机关及会议	政策文件
2015 年 8 月	中共中央、国务院	《关于深化国有企业改革的指导意见》
2015 年 9 月	中共中央办公厅	《关于在深化国有企业改革中坚持党的领导加强党的建设的若干意见》
2016 年 10 月	全国国有企业党的建设工作会议	习近平在全国国有企业党的建设工作会议上的讲话
2017 年	中央组织部、国务院国资委	《中央企业党建工作责任制实施办法》
2019 年 12 月	中共中央	《中国共产党国有企业基层组织工作条例（试行）》
2021 年 5 月	中共中央办公厅	《关于中央企业在完善公司治理中加强党的领导的意见》

（二）百年变局全新挑战，党管人才大有可观

在国有企业党建工作蓬勃开展的同时，面对百年未有之大变局，党的建设面临新问题和新挑战，国有企业也面临新环境、新变革。人才作为企业发展的不竭动力，能够成为国有企业迎接各类挑战的有力支撑。党的十八大以来，以习近平同志为核心的党中央对党管人才工作作出了一系列重大决策部署。

2016 年 2 月，中共中央印发《关于深化人才发展体制机制改革的意见》，重点关注破除束缚人才发展的思想观念和体制机制障碍，明确了深化人才发展体制机制改革的指导思想、基本原则和主要目标，从管理体制、工作机制和组织领导等方面进一步提出改革措施。

2017 年 5 月，中共中央办公厅印发《关于进一步加强党委联系服务专家工作的意见》，指出专家是党和国家的宝贵财富，是党执政兴国的重要依靠力量。重视联系服务专家是党的优良传统，也是做好知识分子工作的宝贵经验。该意见围绕分层分类确定联系服务专家、开展专家国情研修、发挥专家支持作用、做好专家服务与奖励工作等提出指导与要求，有助于抓实抓好团结、引领、服务优秀专家工作。

2018 年 2 月，中共中央办公厅、国务院办公厅印发《关于分类推进人才评价机制改革的指导意见》，确定了人才评价的总体要求和基本原则，围绕人才评价标准、

人才评价方式、重点领域人才评价改革和人才评价管理服务制度等方面提出了指导性意见与改革措施,进一步提高了新时代人才评价的针对性、科学性与精准性。

2019年12月,中共中央办公厅、国务院办公厅印发《关于促进劳动力和人才社会性流动体制机制改革的意见》,围绕创造流动机会、畅通流动渠道、扩展发展空间、兜牢社会底线作出顶层设计和制度安排,为破除妨碍人才流动的障碍和制度藩篱提供指导。

2021年9月,中央人才工作会议在北京召开,习近平总书记发表重要讲话,强调要坚持党管人才,坚持面向世界科技前沿、面向经济主战场、面向国家重大需求、面向人民生命健康,深入实施新时代人才强国战略,全方位培养、引进、用好人才……会议科学回答了新时代人才工作的一系列重大理论和实践问题,明确了指导思想、战略目标、重点任务、政策举措,指明了前进方向,提供了根本遵循。

党的二十大报告也强调,"教育、科技、人才是全面建设社会主义现代化国家的基础性、战略性支撑""深化人才发展体制机制改革,真心爱才、悉心育才、倾心引才、精心用才,求贤若渴,不拘一格,把各方面优秀人才集聚到党和人民事业中来"。

表1.2　新时代以来宏观层面党管人才相关政策文件

时　　间	发文机关及会议	政策文件
2016年2月	中共中央	《关于深化人才发展体制机制改革的意见》
2017年5月	中共中央办公厅	《关于进一步加强党委联系服务专家工作的意见》
2018年2月	中共中央办公厅、国务院办公厅	《关于分类推进人才评价机制改革的指导意见》
2019年12月	中共中央办公厅、国务院办公厅	《关于促进劳动力和人才社会性流动体制机制改革的意见》
2021年9月	中央人才工作会议	中央人才工作会议精神

综上所述,随着市场竞争不断加剧、技术创新快速发展、国企改革不断深化,国有企业党建与人才管理必然需要结合,而如何吸引优质人才资源、深化人才体制改革、激活人才发展效能,怎样探索"党建+人才"、开展党管人才工作成为国有企业强党建、引人才、塑优势的重要问题。

三、国有企业党管人才现状分析

（一）"时过境迁"亟待拓展，党管人才丰富党管干部内涵

国有企业党与人才的关系是随时代发展而变化的，社会转型与经济进步使得各类高质量人才纷纷涌现，不再局限于干部体系之内，党管干部在整合干部特别是人才资源上逐渐乏力（叶国文，2005）。因此，亟待对党管干部进行丰富与拓展，以期实现党对人才工作的牢牢把握与持续深化，在此背景下，国有企业党管人才势在必行。党管人才是新时代对党管干部的丰富，既保留了党管干部的优良传统，也做了进一步的拓宽。从管理的对象来看，党管人才不再局限于"干部"群体，将"管"的范围扩大到了企业内外各类人才，指向整个社会。即通过对社会各类人才的培养和管理，更好地协调人才资源奉献于党和国家事业（李抒望，2004）。从管理的方式来看，党管人才的方式要灵活，可以适当采取多样方式以激发人才活力；从管理的内容来看，不同于党管干部主要侧重于思政方面（李抒望，2004），党管人才进一步深入，涉及人才引、用、育、留的各个环节和企业经营管理的全链条。

（二）"蜻蜓点水"难窥全景，部分企业引领不强渗透不足

一方面，现阶段部分国有企业党管人才工作缺乏足够的统筹谋划，引领作用不强（关敬男，2020）。具体而言，在人才工作的规划与统筹期，部分企业容易出现党委领导与企业实际"脱轨"，人才工作重点不突出，人才工作规划不全面，人才工作引领力不强。党管人才的"管"具有灵活性与多元性，既要管规划，也要管协调；既要管宏观，也要管服务（陈镇华，2022）。这对企业如何做好党委领导与公司治理之间的协同，将党的统筹谋划与企业治理现实相结合提出了挑战。若统筹谋划不全面、不细致将导致企业人才工作缺乏强力指引，容易使人才工作无核心、无方向、无成效。

另一方面，部分国有企业的党管人才工作局限于"点到为止"，并未深入人才工作的全生命周期，存在管理"缺位"的现象（陈镇华，2022）。具体而言，人才工作涉及多维度、多层次和多环节，做好党管人才工作，应将"管"精准到各类人才引用育留工作的各个环节。而在党管人才工作开展过程中，有些企业党委或

受限于经验不足，或受限于制度不通，人才工作布局常难以覆盖人才成长全周期，不能贯穿企业人才工作全脉络，这将导致出现"管"不到位、"管"不全面、"管"不及时的现象，企业不能及时识别人才工作遇到的问题与机遇，难以形成对企业人才链的全面把握，出现人才工作漏洞。

（三）"头重脚轻"难动整体，部分企业上下不一保障不足

一方面，基层党组织的建设与作用发挥情况对企业党管人才工作是否能够有效落实有着重要影响（关敬男，2020）。具体而言，在部分国有企业中，党的领导未能实现对所有基层党支部的延伸，这种情况会导致一些实行的"好规划"和"好举措"难以取得理想的成果，"雷声大，雨点小"，党管人才工作深入基层后难以寻得有效抓手。与此同时，作为人才的直接接触层，部分企业基层党组织主观能动性发挥不足，只知死记硬背，不肯主动创新（林晨阳，2023）。上层与基层的错位将会导致国有企业人才工作"头重脚轻"，上下步伐不一，顶层规划下不去，基层作用出不来，阻碍企业人才工作链条打通。

另一方面，尽管大部分国有企业已经积极开展党管人才工作机制制定与创新，但在落实过程中，部分企业仍存在机制不系统、不匹配，更新不及时等不完善的地方（陈镇华，2022）。具体而言，在开展党管人才工作的同时，要做好相应保障工作的设置，以防人才工作浮于表面，难以落实。保障机制的缺乏主要体现在监管不足与沟通不易：一是监管机制的缺乏，这会使得党管人才工作的落实缺乏有效监管，导致人才工作落实过程中出现执行不力、得过且过、态度松懈等现象；二是沟通机制的缺乏，党委与人才之间需要搭建畅通的沟通渠道以保障党管人才工作的落实。然而，部分企业缺少保证党管人才信息公开透明的保障机制（陈镇华，2022），党委与人才沟通困难，这不利于党委吸取人才意见与建议，将导致党管人才工作忽视人才需求，不能扎根实际。

四、政策建议

我们一定要十分珍惜党的独特优势，一定要在建设中国特色社会主义历史进程中始终坚持和充分发挥这些优势。党的五大独特优势使得中国共产党能够团结带领全国各族人民谱写中国革命、建设与改革的伟大篇章。在国有企业党

管人才工作开展中,也应该充分发挥党的五大独特优势,凭借这些优势实现企业人才高质量管理,充分激活人才效能,提升企业人才竞争力。国有企业发挥党的五大独特优势实现党管人才的工作格局如图 1.1 所示。

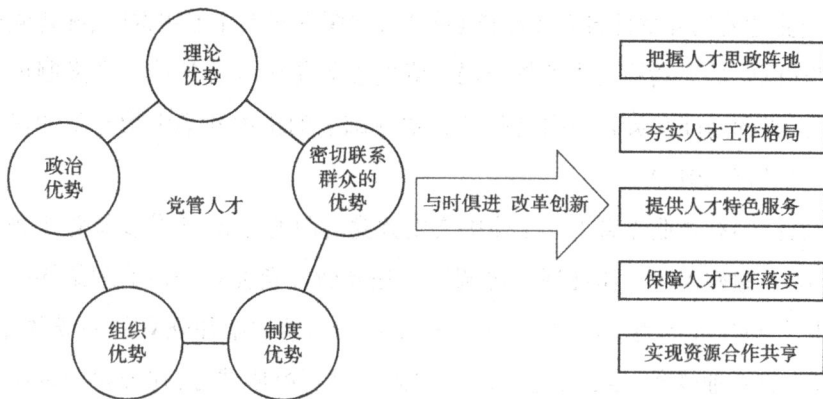

图 1.1　国有企业发挥党的五大独特优势实现党管人才的工作格局

(一)发挥党委精神引领作用,抓牢优质人才思政阵地

党的二十大报告指出:"建设具有强大凝聚力和引领力的社会主义意识形态。意识形态工作是为国家立心、为民族立魂的工作。"党管人才的首要工作,就是要充分发挥党委的精神引领作用,完善国有企业思想政治工作体系,牢牢把握企业意识形态主阵地。党的理论优势之一便是党能够用马克思主义中国化最新成果武装全党,使得广大党员和党的干部能够为实现共同目标团结奋斗(辛保安,2023)。国有企业党委要充分发挥党的理论优势,以先进理论武装人才,把握人才意识形态主动权。

发挥精神引领作用:一是发挥党委思政优势,打造企业人才党校,实现职业素养培训、专业技能培训与思想政治培训的统一,做好为党育才工作。如国家电网有限公司聚焦主业主课,紧抓党的理论教育和党性教育,开办企业党校(辛保安,2023)。二是做好思政宣传工作,突出优秀典型。发挥新媒体平台作用,打造特色思政宣传品牌、构建内部思政学习平台、树立典型事迹与优秀人才,大力弘扬先进精神,营造浓厚思政学习氛围,增强企业凝聚力、向心力和战斗力。如邮政四川省分公司将传统媒体与新媒体宣传相融合,层层推进,做好内外部宣传工作,发挥先进典型的带动作用。

（二）发挥党委领导核心作用，夯实党管人才工作格局

《中国共产党章程》指出："国有企业党委（党组）发挥领导作用，把方向、管大局、保落实，依照规定讨论和决定企业重大事项。"国有企业党管人才的工作要求企业党委充分发挥自身领导核心作用，把握党管人才工作方向、统筹党管人才工作开展、贯穿党管人才工作全局。党的领导是中国特色社会主义制度的最大优势，党的制度优势之一则是坚持民主基础上的集中和集中指导下的民主相结合（贾绘泽，2013）。

因此，国有企业党管人才工作中要发挥党的制度优势，充分发挥党委领导核心作用，并做好人才工作规划与协调。一是要做好党委对公司治理结构的领导与支持。2021年5月《关于中央企业在完善公司治理中加强党的领导的意见》指出，中央企业党委（党组）是党的组织体系重要组成部分，在公司治理结构中具有法定地位，在企业发挥把方向、管大局、促落实的领导作用。2023年12月修订的《中华人民共和国公司法》从法律层面明确了党的领导融入国有企业公司治理的作用发挥。党管人才工作离不开公司整体统筹与协调，因此要做好党的领导与公司治理的统一，切实形成党委领导下的现代公司治理体系与公司人才工作治理体系。如成立人才工作委员会，将党委成员与其他领导班子成员吸纳进委员会，负责在党委领导下开展对人才工作的整体规划与阶段性计划。二是要做好人才管理全链路激活。人才工作涉及多个环节，切忌"管中窥豹"，因此要充分做好企业上中下层联动工作，构建上传下达、同心合力、敏锐高效的党管人才工作格局。如建设企业人才工作协同平台，形成"企业党委领导与规划、职能部门支撑与引导、基层部门落实与反馈"的人才工作体系，在坚持党委领导核心作用的同时，由职能部门提供专业支撑与工作引导，由基层部门负责具体落实与人才需求反馈，提高党管人才工作的专业性、全局性和针对性。

（三）激活基层党委党员能力，开展优质人才特色服务

《中国共产党章程》规定："非公有制经济组织中党的基层组织，贯彻党的方针政策，引导和监督企业遵守国家的法律法规，领导工会、共青团等群团组织，团结凝聚职工群众，维护各方的合法权益，促进企业健康发展。"与国有企业党委的领导核心作用不同，国有企业中的党的基层组织要充分发挥政治核心作用

（韩强，2018）。覆盖面广大、设置不断优化的党的基层组织保证了中国共产党具有强大的组织动员能力（贾绘泽，2013），这意味着国有企业党管人才工作的开展离不开基层党委党员作用的发挥。而党的密切联系群众优势则要求国有企业党管人才工作的开展需要与人才保持密切联系。

因此，国有企业党管人才工作的开展，需要充分发挥基层党组织和党员的作用，将基层党建工作与党管人才工作深度结合。一是要激发基层党委人才工作活力，落实人才服务宗旨意识，鼓励基层党委开展特色服务活动，适当给予基层党委开展人才工作自主权，完善党委联系人才制度，提升基层党委识人、选人、育人和用人的能力，做好基层党委人才服务工作。如首钢京唐公司向基层党委下放部分领导人员选拔任用和岗位公开竞聘权限，提升基层党委在人才工作中的自主权（首钢京唐钢铁联合有限责任公司，2023）。二是要鼓励基层党员贡献人才工作力量。企业党委要紧密围绕党管人才工作开展党员教育与动员工作。既要做好党员人才管理，通过加强党员思政教育和完善各类激励措施，激发党员人才工作与创新积极性；又要发挥党员人才"传帮带"作用，以"党员导师制""党员先锋岗""优秀党员办公室"等创新方式，带动非党员人才积极向党组织靠拢、努力奉献自身力量。

（四）健全人才工作责任体系，做好党委人才工作考评

党的政治优势还包括严格执行党的纪律，保障党的意志和行动的统一（贾绘泽，2013）。在国有企业党管人才工作开展过程中，也要制定相应的管理规范与责任体系，以确保人才工作的有序开展。一是要健全人才工作责任体系，明晰相关部门职责。将"谁来管"落到实处，构建体系化、清晰化的责任链条；将"管什么"明确到位，理清各层级、各部门工作内容；将"如何管"形成标准，实现标准化、规范化的党管人才制度。如形成人才工作责任书面文件，将企业各管理层级和基层党组织全面覆盖，形成党管人才工作开展的纲领文件。二是要建立人才工作考评体系，对基层党委人才工作开展情况进行考核评价。党管人才工作应做好考评与监督工作，从而进一步提升党管人才工作的规范性（田苗和王立涛，2019）。具体而言，在对各级党委人才工作开展考评的过程中，要注意考评的针对性、多维性和全面性，既要根据不同级别设定针对性考核内容，也要重视不同业务类型带来的人才

工作重点的不同;既要重视思想政治教育情况,也要重视人才氛围改进效果;既要重视人才引进与选拔情况,也要重视人才培育和配置效果。

(五)开展外部合作资源共享,党管人才助力人才创新

国有企业党管人才工作,在向内管理的同时,还要积极向外拓展。党集中了数量众多、全面多样的优秀人才,这是党的组织优势的内生动力(周敬青,2019)。作为国有企业的领导核心,企业党委也要充分发挥党的组织优势,积极开展外部合作与资源共享,引入外部优势资源推动企业内部人才管理完善,进而提高自身创新水平。党的组织优势为国有企业党管人才工作寻求外部合作和开展资源共享提供了有利的现实条件。一方面,借助党组织的人才网络,国有企业可以向其他优秀人才、优秀企业与研究机构寻求帮助,提高党管人才工作水平。如在党管人才工作开展过程中,可以通过开展企业党委或校企党委交流会,学习其他国有企业党管人才先进经验、向学界寻求专业合作与咨询帮助,提高自身党管人才工作的专业性。另一方面,在开展外部合作优化党管人才工作的同时,国有企业党委也可以推进资源共享,通过与外部高校或企业党委之间的合作,整合资源,打造产学研合作平台,为企业内部人才提供更多交流与合作机会,推动人才创新。如牵头组建创新共同体,汇聚企业、高校与科研机构资源,为人才开展创新提供资源保障。

(六)完善人才试错管理机制,营造爱才护才和谐氛围

改革创新、与时俱进是中国发展进步的强大动力,习近平总书记在中国科学院第十七次院士大会、中国工程院第十二次院士大会上的讲话指出:"要在全社会积极营造鼓励大胆创新、勇于创新、包容创新的良好氛围,既要重视成功,更要宽容失败,完善好人才评价指挥棒作用,为人才发挥作用、施展才华提供更加广阔的天地。"不同于党管干部,党管人才工作在开展过程中,要包容人才,宽容失败,营造爱才护才的良好氛围。一是要做好人才试错的激励与管理。党管人才工作并不意味着不容许人才犯错或失误,相反,要鼓励人才多做尝试,不惧失败,对失败者不求全责备,树立人才自信心。具体而言,国有企业可设置人才试错机制,对人才试错次数设置一定的容许范围,并给予改进建议与反馈。当然,允许试错并不意味着可以无视底线、违背道德,党管人才工作既要鼓励人才试错,增

强人才尝试与创新的底气,也要做好人才道德与底线错误的防范和惩戒机制设计。二是要结合各类人才特点,营造轻松、和谐、多样的人才环境氛围。随着时代的发展和年轻人才态度转变,党管干部的严肃氛围逐渐不再适用于人才管理工作。因此,要在紧握意识形态主导权的基础上,对国有企业党管人才工作风格进行调整。具体而言,针对年轻人才群体,可以营造轻松、宽容、充满活力的管理和工作氛围,改善以往行政化、官僚化的工作作风,帮助年轻人才快速适应工作,提高年轻人才的接受度和幸福感。

第二章　人才规划

一、引言

在人才管理工作中,人才规划作为首要环节,深刻影响着后续环节的质量和成果。目前,国有企业人才规划这一重要的管理实践引发了学术界的广泛关注和热烈讨论。

陈雍君等(2023)基于问卷调查评估了某国有企业人才队伍的建设成效。研究结果发现,组织中的人才对于"人才规划"指标的工作成效评价较低,这表明国有企业人才规划工作还存在较大的改进空间。目前,现有文献大多基于实践经验分析存在的问题。例如,陈英华(2018)、郭文颖(2022)和王静(2023)分析了国有企业人才规划出现的根本问题,即多数国有企业仅仅将人才规划视为"减员增效"的工具,并没有将人才规划和企业战略相结合。李薇(2014)则从更微观的角度总结国有企业人才规划存在的具体问题,包括"岗位缺员与人浮于事并存""人才结构欠合理,断层现象日益突出""人才管理体系尚未健全,人才培养缺乏主动性""人才定位不明晰,人才开发与企业需求存在差距"四大方面。这四大问题具有普遍性,刘小苗(2017)、胡国阳(2020)和史海玉(2022)在其任职的企业中也发现了类似问题。

与此同时,相关文献的作者也结合自己多年的人才工作经验积极探索上述问题的解决思路。郭文颖(2022)呼吁国有企业强化人才规划意识,坚持人才优先、以用为本、创新用人的理念,实现人才队伍建设引领企业发展。胡国阳和曹洋(2020)指出,国有企业要结合实际情况、市场状况、同行业竞争、企业人才结构、企业未来发展趋势等,合理统计人才资源需求,明确阶段性的工作目标,健全企业进人机制。耿璠和高仁斌(2020)从人才结构出发,提出国有企业需要制定紧缺型人才引智规划、企业家培养规划、中坚人才培育规划、青年英才培养规划,建立素质优良、专业配套、结构合理、贮备充足的人才队伍。

综上,有关国有企业人才规划的相关研究虽然积累了一定数量,但局限于零散的问题分析和措施提出,以泛泛讨论为主。深入挖掘国有企业人才规划的现状、分析关键问题并提出可行措施对于国有企业的人才管理工作具有重要的意义。本章将先列举重要的人才政策,接着分析当前国有企业人才规划的现状和存在的问题,在此基础上提出国有企业人才规划的建议,并介绍相关企业的优秀做法以期提供更多的启发。

二、政策及文件分析

(一)出台的政策文件

我国高度重视人才工作,进入 21 世纪以来,结合国家社会发展需要出台了一系列人才规划政策,对重点人才给予了高度的关注,也为人才发展提供了良好的政策环境。相关政策文件详见表 2.1。

2002 年 5 月,《2002—2005 年全国人才队伍建设规划纲要》提出:各地区、各部门要深刻认识实施"人才强国"战略,做好人才工作的极端重要性和紧迫性,把人才队伍建设工作摆上重要日程,切实加强领导。作为我国第一个综合性的人才队伍建设规划,该文件第一次明确地提出了实施人才强国战略,人才队伍正式建设开始起步。

2010 年 6 月,发布了《国家中长期人才发展规划纲要(2010—2020 年)》,提出了人才队伍建设的长期目标。在纲要中,到 2020 年,我国人才发展的总体目标是:培养和造就规模宏大、结构优化、布局合理、素质优良的人才队伍,确立国家人才竞争比较优势,进入世界人才强国行列,为在 21 世纪中叶基本实现社会主义现代化奠定人才基础。纲要明确了我国 2020 年人才发展的战略目标、指导方针、重大政策和重大举措,开启了我国人才工作的新篇章。

在《国家中长期人才发展规划纲要(2010—2020 年)》发布以后,各部委根据部门工作实际,研究制定了具体政策措施,把这项工作切实抓紧抓好。例如,针对我国高层次创新人才严重匮乏、科技创新人才结构失衡、企业和基层创新人才短缺、科技人才供给不足和科技创新能力不足等问题,2011 年 7 月,科技部、人力资源和社会保障部、教育部、中国科学院、中国工程院、国家自然科学基金委员会、中国科协联合发布了《国家中长期科技人才发展规划(2010—2020 年)》,提出要以培养造就宏大创新型科技人才队伍为人才建设目标及相关实现措施。

制造业是国民经济的主体,是立国之本、兴国之器、强国之基。2016 年 12 月,教育部、人力资源和社会保障部、工业和信息化部联合发布了《制造业人才发展规划指南》。指南部署了五项重点人才工程,包括制造业与教育融合发展工程、创新型专业技术人才开发工程、能工巧匠和高技能人才培育工程、企业经营管理人才发展工程和全员质量素质提升工程,旨在为中国制造从大到强提供坚实的关键人才支撑。

2021 年,我国进入第十四个五年规划时期,开启了新的社会发展阶段。为了实现"十四五"规划和落实中央人才工作会议精神,2022 年 4 月,审议《国家"十四五"期间人才发展规划》。该文件提出我国人才队伍"大而广""多而全",世界顶尖人才孕育基础处于质变临界点等基本判断,着重强调我国要聚焦科技创新核心人才队伍并激发人才活力。在此基础上,各部门发布了相应的人才规划,进一步落实党的人才工作。例如,2022 年 12 月,国家广播电视总局发布了《全国广播电视和网络视听"十四五"人才发展规划》;2023 年 12 月,国家体育总局发布了《体育强国建设人才规划(2023—2035 年)》。同时,部分省份,如辽宁省和贵州省也根据本省发展实际,提出了相应的"十四五"人才规划。

表 2.1   相关政策文件

时　　间	发文机关	政策文件
2002 年 5 月	中共中央办公厅、国务院办公厅	《2002—2005 年全国人才队伍建设规划纲要》
2010 年 6 月	中共中央、国务院	《国家中长期人才发展规划纲要(2010—2020 年)》
2011 年 1 月	教育部	《全国教育人才发展中长期规划(2010—2020 年)》

续上表

时　间	发文机关	政策文件
2011 年 6 月	中央组织部、中央政法委、民政部等	《社会工作专业人才队伍建设中长期规划（2011—2020 年）》
2011 年 7 月	科技部、人力资源和社会保障部、教育部等	《国家中长期科技人才发展规划（2010—2020 年）》
2011 年 7 月	人力资源和社会保障部	《专业技术人才队伍建设中长期规划（2010—2020 年）》
2011 年 7 月	人力资源和社会保障部	《高技能人才队伍建设中长期规划（2010—2020 年）》
2011 年 12 月	科技部	《国家中长期新材料人才发展规划（2010—2020 年）》
2016 年 12 月	教育部、人力资源和社会保障部、工业和信息化部	《制造业人才发展规划指南》
2021 年 12 月	财政部	《会计行业人才发展规划（2021—2025 年）》
2022 年 5 月	辽宁省人民政府	《辽宁省"十四五"人才发展规划》
2022 年 8 月	国家卫生健康委	《"十四五"卫生健康人才发展规划》
2022 年 9 月	贵州省人民政府	《黔东南州"十四五"人才发展专项规划》
2022 年 12 月	国家广播电视总局	《全国广播电视和网络视听"十四五"人才发展规划》
2023 年 12 月	国家体育总局	《体育强国建设人才规划（2023—2035 年）》

（二）各省（自治区、直辖市）国资委出台的政策文件

人才是我国经济社会发展的第一资源，国有企业是推动经济社会发展和科技进步的主要力量。为了响应国家人才政策并回应现实国企发展需求，越来越多省份的国资委根据所监管企业的基本情况，提出了相应的人才规划文件，为国有企业人才发展提供相应的政策指导，相关政策文件详见表 2.2。

2011 年 7 月，甘肃省国资委发布了《甘肃省国有企业经营管理人才中长期发展规划（2010—2020）》。文件指出，到 2020 年，甘肃省内国有企业经营管理人才总量达到 20 万人。其中大学本科及以上学历达到 75%以上，研究生的数量明显增加，国际化人才总量达到 2 000 人。为了实现这一人才目标，国有企业需要从培养开发机制、选拔任用机制、考评体系、激励机制多方面入手，营造良好的

人才发展环境。

2013 年 12 月,新疆维吾尔自治区国资委发布了《自治区国资委企业经营管理人才队伍建设规划实施方案》,提出到 2020 年自主培养优秀企业家 100 名、优秀企业经营管理人才 600 名、各类各层次企业经营管理人才 1 万人,自治区国有企业经营管理人才总量达到 2.5 万人。进一步,文件还提出了实现这一目标的分阶段计划,强调要突出重点、整合资源、注重实效。

2018 年 5 月,宁夏回族自治区国资委发布了《宁夏回族自治区国有企业经营管理人才队伍建设中长期规划(2012—2020 年)》。文件指出,到 2020 年,国有企业经营管理人才总量达到 23 000 人,其中本科及以上学历达 85% 以上,研究生数量明显增加,培养造就一批能够引领企业跻身中国企业行业 500 强的优秀企业家。为了实现这一目标,需要着力培养高层次出资人代表、高端经营管理人员、高素质党群工作者三支队伍。

2023 年 4 月,广西壮族自治区国资委发布了《广西壮族自治区国资委监管企业人才高质量发展规划(2023—2030 年)》,指出监管国企人才工作存在的人才数量不足、结构不优、高精尖人才匮乏、战略性新兴产业人才紧缺等短板,明确了"铸队伍、优结构、强引育、优机制、搭平台、优环境"人才规划总体思路。

表 2.2　省(自治区、直辖市)国资委出台的政策文件

时　　间	发文机关	政策文件
2011 年 7 月	甘肃省国资委	《甘肃省国有企业经营管理人才中长期发展规划(2010—2020)》
2013 年 12 月	新疆维吾尔自治区国资委	《自治区国资委企业经营管理人才队伍建设规划实施方案》
2018 年 5 月	宁夏回族自治区国资委	《宁夏回族自治区国有企业经营管理人才队伍建设中长期规划(2012—2020 年)》
2023 年 4 月	广西壮族自治区国资委	《广西壮族自治区国资委监管企业人才高质量发展规划(2023—2030 年)》

(三)总结

总体来看,目前我国人才规划政策主要有以下两个特征:第一,人才规划政

策目标明确,实施方案综合可行。人才规划政策明确提出了在不同时间节点上特定类型的人才数量和结构的目标值,并提出了人才获取、人才开发、人才选拔、人才激励等多个方面的保障措施,有助于人才战略的落地。第二,人才规划政策扩散方向呈现为自上而下,由中央扩散到各个中央部委再到地方政府及地方国资委。其中中央部委出台的人才规划政策最多,地方政府及地方国资委出台的人才规划政策相对较少。同时,地方国资委出台的人才规划政策关注的人才类型多为经营管理人才,对战略科学家、科技领军人才和创新团队、青年科技人才以及卓越工程师关注不足。未来,地方政府及地方国资委应当依托城市资源禀赋,找准自身发展定位,颁布更多具有区域针对性的人才规划政策。

三、国有企业人才规划现状分析

(一)国有企业人才规划的现状

1. 国资委、国企将人才规划视为重要的管理工作

一方面,为了构建更加良好的地区人才发展环境,多个省份的国资委(如甘肃省国资委、新疆维吾尔自治区国资委)均出台了地区国企人才规划政策,阐述了人才发展数量结构目标以及多方面的保障措施,为相关国企开展人才规划工作提供了具体的政策指导。另一方面,伴随着经济的发展和市场竞争的加剧,企业对于人才的要求不断提高,人才规划成为企业人才管理工作的重要组成部分。中智咨询发布的《2022 年企业经营布局和人才发展调研报告》显示:70% 的国有企业表示本企业有 3~5 年的人才发展规划,明显领先于民企(48%)和外企(54%)。这表明,国有企业在人才引进、培养、使用等方面具有更为长远的眼光。

2. 国企对于中高端人才的需求持续增加

目前,大部分国有企业面临着供给侧结构性改革和企业升级的压力,对于中高端人才的需求不断增长。《2022 年企业经营布局和人才发展调研报告》显示,仅有 10% 的国有企业表示人才总量充足,而高达 65% 的国有企业表示其核心岗位/关键岗位人才紧缺,半数以上的国有企业表示中、高级人才最为紧缺。例如,2022 年 4 月,山东省国资委发布公告,124 家山东省省属国企及权属公司的近

2 000 个岗位有人才需求,对硕士及以上的人才需求比例达到 25%,既有专业技能人才基本需求,也有企业职业经理人、高层次科研人员等紧缺人才需求。2023 年 4 月,广西壮族自治区国资委指出,当前监管国企普遍存在高精尖人才匮乏、战略性新兴产业人才紧缺的短板。2023 年 9 月,苏州市国资委编制了《2023 年 9 月—2024 年 8 月苏州市市属国有企业紧缺人才(岗位)目录》,共收录 277 个紧缺岗位,紧缺人才需求 554 人,其中,技术核心岗位需求为 196 人。

3. 国企对于青年人才的吸引力逐年上升

在人才供给方面,国有企业对于青年人才的吸引力逐年上升。党的十八大以来,中国经济迎来了速度变化、结构优化、动力转换的新常态,由于国有企业待遇优厚、发展势头迅猛、雇佣关系比较和谐稳定,并且近年来民营企业因裁员、加班等问题产生了巨大的争议,因此越来越多的青年倾向于进入国有企业工作。智联招聘发布的《2023 大学生就业力调研报告》显示,国有企业仍是毕业生首选,占比 46.7%,较 2022 年上升 2.3 个百分点,且连续三年呈上升态势,这种就业选择态势使得国有企业的外部人才供给积累了更多数量。然而,相比于应届毕业生,在劳动力市场中,大部分企业更青睐有一定成熟度的中高端人才,表现为年龄分布在 30~40 岁、学历为本科及以上、工龄分布在 5~10 年,但这类人才数量是相对稀缺的。猎聘发布的《2022 上半年中高端人才就业趋势报告》显示,互联网大厂仍然是中高端人才的就业首选。国有企业对于中高端人才的需求持续增加,导致针对高层次、稀缺型人才的争夺竞争加剧(史海玉,2022)。

4. 制度升级和技术发展赋能人才规划新机遇

一方面,伴随着国有企业三项制度改革方案的陆续出台,部分国有企业逐步构建了"能上能下""能进能出""能增能减"的用人机制,倒逼国有企业的人才管理模式向市场化管理模式转型,提升了国有企业人才规划的效率并扩大了影响力,为国企人才管理机制创新带来活力和生机(史海玉,2022)。

另一方面,数字技术的发展为提升国有企业人才规划的效率提供了广阔的空间。例如,大数据可以预见人才管理趋势,协助国有企业制定与战略目标、发展计划、转型升级有关的用人方案(张军辉,2022);数字化技术还通过收集员工的核心特质、关键优势和不足等信息以建立人才画像,帮助组织开展更加精细的人才盘点以开展人才供给预测(谢小云等,2022)。

(二)部分国有企业人才规划的问题

1. 科学规划暂未实现,部分国企人才规划能力不足

部分国有企业虽然开展了人才规划工作,但过程不科学,效果也欠佳,主要体现在以下三个方面:第一,人才规划缺乏战略性。部分国企仍然采用传统的人事管理观念,没有将人才规划和企业战略相结合,缺乏科学系统的分析,只是盲目地引进人员或是将人才规划视为降低成本的工具,无法帮助企业储备所需人才(郭文颖,2022;王静,2023)。第二,人才规划缺乏业务性。部分国企在开展人才规划时没有以实际业务为导向,导致人才规划和业务相脱节,降低了人才规划的实用性(王静,2023)。第三,人才规划缺乏量化。部分国企虽然开展了人才规划工作,但实施过程较为随意,没有充分利用科学的预测分析工具去量化整个规划过程,降低了人才规划的操作性(张泽世,2019)。

2. "雾里看花"难辨人才,部分国企关键人才定位不清晰

人才是指具有一定的专业知识或专门技能,进行创造性劳动并对社会作出贡献的人,是人力资源中能力和素质较高的劳动者。根据"二八"原理,关键人才是"关键岗位上的关键员工",一般不超过员工总数的20%,企业往往通过人才盘点工作来识别关键人才。《2020中国企业人才盘点白皮书》显示,仅有26%的中型企业将人才盘点常态化。其中,参与调研的国企中有30%的企业不做盘点(民营企业为14%)。在开展人才盘点工作的国企中,部分企业存在人才标准和胜任力模型含糊不清的问题,影响了后续盘点工作的开展(李薇,2014)。与此同时,相比于民营企业直接、公开,甚至犀利的盘点风格,国有企业人才盘点的形式往往更加隐蔽。例如,将盘点项目包装成"心理体检福利"等主题,虽然能提升员工的信任感,但会降低人才盘点的应用范围。总体来说,部分国企的人才盘点工作仍然存在不足,影响了组织对关键人才的识别,导致后续管理人才的过程中没有遵循"二八"原理,表现在关键人才投入不够,一般人才投入粗放化,最终导致人才整体使用价值低下。

3. "残缺不全"难构整体,部分国企出现人才结构性短缺

结构性短缺是指在人员总量合理的情况下,存在局部人才的短缺,反映了人

才供给与人才需求的不匹配。目前,国有企业人才结构出现了年龄结构不平衡、知识结构不理想、专业结构不合理、人岗结构不匹配的问题(李薇,2014;耿璠和高仁斌,2020)。

(1)年龄结构不平衡。部分国企年龄结构呈现两头少、中间多的枣核形分布,可能导致人员接续困难的问题,未来可以考虑转换为金字塔形年龄分布(李薇,2014)。

(2)知识结构不理想。大部分国企高学历人才占比较低。2021年我国A股486家央企控股上市公司中,研究生以上的学历人员占比仅有7.85%,本科占比46.45%,专科以下学历占比45.70%(周文斌等,2023)。

(3)专业结构不合理。通常国企中,党政、行政类管理等长线人才较多,企业经营发展急需的短线人才较少;传统专业人才较多,新兴专业人才较少,难以适应企业多变化、快发展的现状(耿璠和高仁斌,2020)。

(4)人岗结构不匹配。部分国企出现了人才浪费与人才缺乏并存的现象。一方面,国企机关聚集着大量高学历人才,无法充分发挥所有才能;另一方面,基层经营部门则人才匮乏,亟待足够数量和质量的人才来满足业务要求。

此外,国有企业普遍缺少青年干部、战略科学家和复合型人才(刘小苗,2017;耿璠和高仁斌,2020;史海玉,2022)。首先,国企的中层干部平均年龄普遍偏大,青年干部储备不足。针对这一现状,"'十四五'人才规划""三年改革行动方案""三支人才队伍建设指导意见"对干部年轻化提出了明确的指标要求。其次,国企中战略科学家等顶尖技术创新人才人数不足,具有核心竞争力和全球影响力的科技创新领军型人才较为缺乏(史海玉,2022)。这类人才往往无法自身培养,较大程度依靠引进。最后,国企普遍缺少兼具突出的专业技能和跨专业融合多种能力要素的复合型人才,如统筹资源、引领市场、创收增效的优质项目策划人才,引领数字化转型、进行管理升级、促进战略转型的数字化人才(耿璠和高仁斌,2020)。

4."上下进出"暂未实现,部分国企人才流动机制不灵活

现实中,企业人才规划通常会出现两种情况:一是人才需求大于人才供给,此时需要企业结合内外部资源进行人才补充;二是人才供给大于人才需求,需要企业设计恰当的人才退出机制。因此,企业需要构建灵活的人才内部、外部流动机制才能帮助组织在面临人才供需不匹配情况时灵活调整。

部分国有企业尚未构建"能上能下"的干部流动机制,存在"铁交椅"的现象,导致内部管理人员僵化,降低了内部人才供给的效率。知本咨询指出,截至2022年9月底,中央企业和地方国有企业管理人员竞聘上岗比例分别为53.9%、76.1%,末等调整和不胜任退出占比仅为4.2%和4.0%。经过国企改革三年行动,国有企业基本已经完成"能上"机制的构建,但"能下"机制的建设还是任重而道远。

部分国有企业尚未构建"能进能出"的员工流动机制,造成组织需求的人才无法及时补给,不合格人员无法退出的两难局面。一方面,国企的招聘渠道主要依靠校园招聘,职业经理人招聘主要依靠社会招聘,国际化人才等高层次人才引入数量较少(史海玉,2022)。此外,在现实中,部分国企中可能存在过于重视人际关系的情况,招聘决策偏离专业和能力导向,发生不合规定的情况,不能完全满足组织的人才需求补给。另一方面,国有企业内部环境尚未得到根本改变,竞争机制和淘汰机制的实施难度较大,影响了人才资源配置的有效性和科学性(史海玉,2022),亟待结合绩效考核,强化劳动关系管理,形成常态化退出机制。

四、政策建议

国有企业要立足自身在国民经济中的重要地位,站在"人才兴企"的高度上,认识到国企人才队伍建设的重要性和紧迫性,树立"人才是企业第一资源"的观念,强化人才规划意识。具体而言,国有企业人才规划可以通过以下三个步骤开展:第一,动态短期的人才需求预测,结合外部环境和企业战略进行人才需求预测;第二,系统标准的人才盘点,对现有人才数量、能力、结构进行盘点,建设核心人才资源池,最大化地利用已有的存量人才资源;第三,灵活具体的人才调整,基于人才需求和人才供给之间的差距,进行人才补给或是开展人才退出。

(一)结合合适的科学工具,开展人才需求预测

人才需求预测是根据企业的发展战略规划和本企业内外部条件选择预测技

术,然后对人才需求的数量、素质及结构进行预测(彭剑锋,2020)。国有企业要对企业所处的发展阶段与趋势进行分析判断。企业发展阶段包括初创期、成长期、成熟期、衰退期。在初创期,企业的首要目标是生存,为了降本增效,企业要做好少数关键人才的吸引、管理、保留工作。在成长期,企业的首要目标是不断扩展并快速增长,在该阶段,销售、研发和职能部门都需要快速地补充大量的人才以支撑业务快速扩张的需求,并且管理人才将成为继技术、生产和销售之后的关键人才。在成熟期,企业形成了规范化的制度,总体上出现了人才饱和的现象。在该阶段,能够帮助企业突破瓶颈的创新型领军人才是企业的关键需求人才。在衰退期,企业增长乏力,整体竞争能力下降。为了控制成本,提高运行效率,企业需要妥善裁减多余人员,吸引并留住敢于变革的关键人才。

在综合分析了影响国有企业人才资源需求的因素后,国有企业需要选择需求预测的方法,主要包括定性方法和定量方法两大类型。定性方法包括现状规划法、经验预测法、分合性预测法、描述法,定量方法包括趋势预测法、多元回归预测法、比率分析法、工作负荷法、生产函数预测法、公式法(彭剑锋,2020)。定性方法操作简单,便于操作,适用于中小企业的短期规划。定量方法较为客观,便于对比,适用于大型企业的长期规划。企业规模较大,只凭以往的经验和少数人的判断来定性地预测企业的人才资源需求是危险的,刻板地套用定量方法模型而不顾企业的具体因素不仅有可能使需求预测任务不必要复杂,而且可能出现严重脱离实际的预测。灵活地将定性和定量方法相结合有助于产生科学合理并符合实际的预测结果(仇莉娜和曹亚克,2005)。

(二)以人才盘点为基础,进行人才供给预测

国有企业人才盘点作为一项重要的管理工作,有助于全面了解企业现有人才的结构和潜力,进而开展人才供给预测,为企业的发展提供有力支持。国有企业的人才盘点项目可以通过以下步骤开展:

(1)分析组织现状。国有企业必须首先明确自身的战略目标,根据这一目标来确定相应的人才战略。这一人才战略应当与企业的整体战略保持一致,并且能够满足企业未来发展的需求。在此基础上,企业需要对人才数量、质量、结构的要求进行深入分析,并选择关键岗位开展人才盘点工作。通过对关键岗位

的人才进行全面、客观、深入的评估,企业可以了解目前人才状况与未来战略目标之间的差距。

(2)构建人才标准。构建人才标准即确定用哪些指标来评价一个人的贡献和能力,其核心是构建胜任力模型,它是人才评价的基础。胜任力模型的构建需要在明确企业战略目标的基础上进行深入的数据收集和分析,以便了解关键职位或职业所需的核心胜任力;接下来,基于这些数据,识别并定义关键胜任力,制定出具体的等级标准;最后,通过实践和反馈来不断优化和完善模型。

(3)召开盘点会议和输出盘点结果。组织需要因地制宜设计人才盘点会议形式,做到公平、科学和有效。在人才盘点会议上,管理者根据绩效和能力两大维度对现有人才进行盘点,输出人才盘点九宫格和人才地图。人才盘点结果将运用到关键岗位人才培养方案和关键岗位人才梯队计划的后续制定中。另外,人才盘点的结果有助于国企打造人才供应链。若内部人才不能满足未来发展需要,则需要引进外部人才,优化整体人才质量,从而形成一条完整的人才供应链。

(三)统筹需求供给情况,构建人才调整机制

国有企业基于人才需求预测和人才盘点之间的差距,形成对本企业人才资源的总体认识。理想情况下,组织中的人才资源供需达到平衡,此时组织的人才利用效率最高。然而,现实情况多为人才供过于求和人才供不应求两种类型。

人才供过于求是指国企人才供给的数量大于本企业人才的需求,此时组织出现了人才过剩的情况,需要设置合理的人才退出机制以控制总量和激活员工队伍。一是建立严谨规范的员工退出政策。具体而言,国企需要制定相关政策,写明人员退出的条件、标准、时间、数量、待遇、安置途径,并规范退出流程以减少劳务纠纷和维护程序公平。二是明确任职资格并开展绩效管理:一方面,国企需要构建明确标准的任职资格体系以有效判断员工是否能胜任岗位(李薇,2014);另一方面,国企可以采取以能力素质为导向的绩效考核方法,帮助组织筛选出相对低效的员工(史海玉,2022)。三是对退出员工开展人文关怀。具体而言,员工退出过程需要做到合法合规,同时需要体现人文关怀,如开展心理辅导和再就业培训。

人才供不应求,是指国企人才供给的数量小于本企业人才的需求,此时组织

出现人才不足的情况,需要结合内外部资源开展人才补给,激发存量,优化增量。一方面,国企需要盘活已有的人才资源,从内部实现人才补充,包括以下三项措施:一是对现有人才开展培训以缓解因年龄老化带来的知识老化现象,激发人才的主动性和积极性,延缓人才贡献的衰退期(李薇,2014);二是构建企业内部的人才资源市场,国企需要搭建企业内部人才流动机制,鼓励员工在不同岗位和部门之间流动,借以激活人员再配置的激励性和竞争性;三是进一步完善干部人员管理办法,健全考核评价和激励奖惩机制,切实推动干部"能上能下",树立"凭业绩坐位置、论贡献得酬劳"的鲜明导向(史海玉等,2022)。另一方面,外部人才资源也是国企实现人才补充的重要来源。国企需要统筹使用各类招聘渠道,设计科学合理的人才选聘机制,实现对外部人才的引进工作。此外,对于重点人才,国企可以积极争取政府在人才政策和资金等方面的支持,为相关人才提供政策优惠和资金补贴。

第三章 人才获取

一、引言

人才获取是指通过专业化、市场化的识别、甄选、招聘，获取符合企业能力要求和价值观取向的人才，满足企业战略和人力资源规划的要求。2022年中央企业人才工作会议强调，要以更大力度、更实举措深化新时代人才强企战略，在深化人才发展体制机制改革中当好排头兵；强化人才引进，着力集聚急需紧缺人才。

国有企业是我国国民经济的主导力量，国企改革包括劳动用工制度改革、工资分配制度改革、职业经理人制度建设等人事制度改革，意义深远，作用重大。在人力资源获取方面，从最初扩大企业用人自主权，对管理人员和技术人员采用聘用制、考核制，到全面推进企业人事制度改革，推进企业领导干部实行任期或任期目标责任制，再到初步建立和全面深化现代企业人事管理制度，市场化选聘企业经营管理者（彭亚丽，2022），国有企业通过系统全面、强而有力的改革措施，对症下药、多管齐下，逐步消化了国企人力资源系统内存在的冗员数量大、员工效率低下、市场化流动程度低、创新性不足等问题（国世才，2021；曾庆生和陈信元，2006），建立了中国特色现代企业人事管理制度。

然而，当前百年未有之大变局向纵深推进，在全面建设社会主义现代化国家新征程中，人才的重要性进一步凸显，现有国有企业人才工作同新形势新任务相比还有很多不适应的地方。在人才获取上，存在长远规划不足、招聘流程与渠道选择缺乏针对性、人才测评标准与工具不够丰富、人才获取管理重视不足、招聘模式过于单一等（钟秋燕，2022；李艳艳，2022；路晓莉，2020；严向阳，2018）。因而,在新时代背景下,针对国有企业人才获取展开探索,对于完善国有企业人才管理实践,深化对人才事业建设的规律性认识,进一步优化新时代人才工作布局具有重要的现实意义。

此外,以国有企业人才获取为研究对象的学界研究主要集中于当前国有企业人才招聘的模式现状、现有招聘模式存在的问题以及人才招聘模式的改进建议(龙芳,2016;史辉情,2016;刘建林,2015;陈付伟,2013),在研究方法上多采用案例研究或简单的描述性统计分析(李晓彦,2014;仇磊,2019)。也有研究分析了影响人才招聘甄选的因素(罗艳,2023),或者针对人才引进、人才流失等情况展开讨论(薛松森和高梦起,2019;李默之,2021)。总体而言,目前学界对于国有企业人才获取的研究较少且不够深入,以思辨式的泛泛讨论为主,研究方法较为单一;研究集中于外部招聘,对于国有企业内部人才市场、国有企业内部人才资源再配置等方面提及不多(冯岩,2022),研究角度不够多元丰富。因而,深入探索国有企业人才获取的方法,对于拓展国有企业人才获取的研究视角,丰富国有企业人才获取实践研究具有重要的理论意义。

综上所述,本章将从政策视角对国有企业人才获取的发展历程进行回顾,总结国有企业人事制度改革不同阶段国有企业人才获取的发展变化,分析当前国有企业人才获取的现状和问题,从人才招聘与甄选和内部人才资源再配置两个角度提出国有企业人才获取的建议,运用案例分析的研究方法,进一步深入讨论。

二、政策及文件分析

国有企业改革之初,1979 年国务院发布《关于扩大国营工业企业经营管理自主权的若干规定》,对扩大企业用人自主权做了肯定,并规定了扩权的主要内容。其中,明确提出"企业在定员、定额内有权根据精简和高效的原则,按照实际需要,决定自己的机构设置,任免中层和中层以下的干部"。此文件向国有企业提供了一定的干部任免、职工录用的自主权,国有企业人才获取的自主权由此逐渐发展壮大。

1983 年,中央组织部印发《关于领导班子"四化"建设的八年规划》《关于改革干部管理体制若干问题的规定》等文件,规定按照中央关于建立干部退休制度和干部队伍"四化"方针,推进企业领导干部的新老交替,对委任制的领导干部实行任期制或任期目标责任制,对企业中层以下的干部实行聘任制和选举制试点。

1984年,国务院颁布《关于进一步扩大国营工业企业自主权的暂行规定》,进一步明确扩大企业在干部人事权等方面的自主权(考佳欣,2015)。同年7月,中央组织部发布《关于协定中共中央管理的干部职务名称表的通知》,开始进行干部分类管理探索,根据单位不同情况,探索厂长、所长负责制配套的企事业单位人事管理体制。对国营企业的干部,除企业领导外,都下放给企业自主管理,企业有权任免除领导班子以外的人员。打破了企业无定编制权、无干部人事任免权的状况,开始触动了高度集中的单一模式的干部人事管理体制。

1987年,党的十三大召开,报告中指出,国有企业改革过程中将竞争机制引入企业管理,为优秀企业家和各种专门人才的脱颖而出创造了前所未有的条件。1992年,劳动部发出《关于扩大试行全员劳动合同制的通知》。同年,国务院颁布《全民所有制工业企业转换经营机制条例》,将实行劳动合同制列为转换国营企业经营机制的重要内容,明确赋予企业用人自主权,规定企业对管理人员和技术人员可以实行聘用制、考核制,企业可以从优秀工人中选拔聘用管理人员和技术人员。

1992年,党的十四大明确建立社会主义市场经济体制是我国经济体制改革的目标。体现在国有企业人事制度改革上,自1994年开始,结合建立现代企业制度和完善公司法人治理结构,全面引进竞争机制,健全企业组织领导制度和企业内部人事管理制度,逐步建立符合企业特点的现代企业人事管理制度(徐颂陶,2008)。

1999年,中共十五届四中全会通过《中共中央关于国有企业改革和发展若干重大问题的决定》,其中指出,要适应建立现代企业制度的要求,深化企业内部人事制度改革,积极探索适应现代企业制度需求的选人用人新机制(黄惠荣,2000)。

2000年,中共中央办公厅下发《深化干部人事制度改革纲要》,明确了深化企业人事制度改革的基本原则、目标任务和具体要求,强调"以建立健全适合企业特点的领导人员选拔、任用、激励、监督机制为重点,把组织考核推荐和引入市场机制、公开向社会招聘结合起来,把党管干部原则和董事会依法选择经营管理者以及经营管理者依法行使用人权结合起来""改进国有企业领导人员选拔任用方式,实行产权代表委任制和公司经理聘任制""通过组织推荐、公开招聘、民主选举、竞争上岗等多种方式产生国有企业领导人员人选,择优任用"。2003 年,党的十六届三中全会通过的《关于完善社会主义市场经济体制若干问题的决定》指出,"完善企业领导人员的聘任制度"。

2012 年党的十八大,提出深化经济体制改革,中国特色现代企业人事管理制度逐步建立。2015 年,《中共中央 国务院关于深化国有企业改革的指导意见》提出,明确"选人用人机制"和"激励与约束机制"的市场化改革方向;要"深化企业内部用人制度改革",通过实施职业经理人制度,畅通国有企业用人通道,探索市场化员工激励机制,激发国有企业发展活力(考佳欣,2015)。

2018 年,国务院国资委发布《关于开展"国企改革双百行动"企业遴选工作的通知》,开启国企改革专项行动。2019 年,"双百行动"实际落地,国务院国有企业改革领导小组办公室印发《关于支持鼓励"双百企业"进一步加大改革创新力度有关事项的通知》,针对国有企业用人问题,支持鼓励"双百企业"按照"市场化选聘、契约化管理、差异化薪酬、市场化退出"原则,加快建立职业经理人制度,全面推行经理层成员任期制和契约化管理,进一步推动国有企业用人机制的市场化。

自改革开放以来,国有企业在政策指导和实践摸索中,逐步建立中国特色现代企业人事制度,企业用人自主权不断扩大,用人机制市场化纵深推进,对于领导干部群体、经营管理人群体在改革上予以特别关注,为新时代国有企业人才获取,尤其是人才引进、人才资源再配置、人才退出与再进入机制营造了良好的政策和实践环境。

表 3.1　人才获取相关政策文件

时　间	发文机关及会议	政策文件
1979 年	国务院	《关于扩大国营工业企业经营管理自主权的若干规定》
1983 年	中央组织部	《关于领导班子"四化"建设的八年规划》 《关于改革干部管理体制若干问题的规定》
1984 年	国务院	《关于进一步扩大国营工业企业自主权的暂行规定》
1984 年	中央组织部	《关于协定中共中央管理的干部职务名称表的通知》

续上表

时　间	发文机关及会议	政策文件
1992 年	劳动部	《关于扩大试行全员劳动合同制的通知》
1992 年	国务院	《全民所有制工业企业转换经营机制条例》
1999 年	党的十五届四中全会	《中共中央关于国有企业改革和发展若干重大问题的决定》
2000 年	中共中央办公厅	《深化干部人事制度改革纲要》
2003 年	党的十六届三中全会	《关于完善社会主义市场经济体制若干问题的决定》
2015 年	中共中央、国务院	《中共中央 国务院关于深化国有企业改革的指导意见》
2018 年	国务院国资委	《关于开展"国企改革双百行动"企业遴选工作的通知》
2019 年	国务院国有企业改革领导小组办公室	《关于支持鼓励"双百企业"进一步加大改革创新力度有关事项的通知》

三、国有企业人才获取的现状分析

(一)国有企业人才获取的现状

1. 人才流动速度快、人才竞争加剧

目前,人才在国际、地域快速流动,不同国家、地区、组织都纷纷瞄准人才市场,以优厚的人才待遇、包容的人才环境、完善的人才政策提升其人才竞争力,在激烈的人才竞争中获取优势。教育部数据显示,自改革开放到 2021 年底,我国各类出国留学人员数量在 800 万左右。CCG 全球化智库发布的《中国留学发展报告蓝皮书(2023—2024)》显示"2022/2023 学年中国仍是美国、英国、澳大利亚、日本、德国、新西兰、韩国、马来西亚等国国际学生第一大来源国"。智联招聘发布的《2023 中国海归就业调查报告》显示"2023 年在国内求职的海归人才、应届留学生人数分别比 2022 年减少 5%、22%,但与 2018 年相比分别增长 34%、70%"。这说明,人才"走出去"提升学识、人才"引进来"为"我"所用并存,高质量人才在流动中总体呈现双向性、循环性的趋势。

在此背景下,各地方政府和国有企业纷纷下场"抢人"。比如,2023 年 10 月,北京市朝阳区人社局发布《2023 年朝阳市属国有企业公开引进优秀和急需紧缺人才公告》,公开引才;2023 年 11 月,浙江省长兴县委组织部、人社局、

财政局发布《2023年长兴县县属国有企业高层次人才引进公告》,向社会公开引进高层次人才。除了面向社会公开发布人才引进公告外,亦有地方政府组织国有企业组团开展校园招聘等形式。

2. 人才需求多元化,人才供给存在结构性不足

中共中央办公厅、国务院办公厅以及各部委发布的公告文件中,提及科技人才、技能人才、乡村人才、文旅人才、广播网络人才、中医药人才、卫生健康人才、会计人才、经营管理人才、农林人才等多种专门的人才类型。党的二十大报告指出,加快建设国家战略人才力量,努力培养造就更多大师、战略科学家、一流科技领军人才和创新团队、青年科技人才、卓越工程师、大国工匠、高技能人才。我国国有企业覆盖行业广泛,包含国防军工、交通运输、电力通信、粮油烟草、化工矿产、冶金制造、电子信息、关键能源和战略性网络基础设施等,所需人才类型多、数量大。

从人才供给方面看,据中央组织部统计,我国目前人才资源总量达2.2亿人(截至2022年),人才数量位居全球第一,但在人才质量上,强调创新思维的素质教育模式还需进一步推广和发展。2019—2021年,全国全行业人才紧缺指数(又称TSI指数)平均值分别为0.91、0.97、1.23。我国中高端人才整体呈现供不应求态势,企业对中高端人才需求加大,人才培养和市场需求的衔接需更加紧密。

面对这一背景,国有企业通过开展各类招聘活动、发布招聘公告等积极参与人才竞争。在组织层面上,国投人力资源服务有限公司(简称国投人力)深入贯彻落实党中央、国务院稳就业保就业决策部署,持续举办国家级就业工程——"国聘行动",截至2023年4月底,国聘行动已在全国20多个省区市累计开展线上线下联动的直播招聘活动370余场,参与"国聘行动"的知名企业超过4.4万家,发布就业岗位370余万个,就业信息累计总触达规模超135亿次。

3. 人才获取的数字化程度不断提高

在互联网和大数据高度发展、人工智能辅助技术日趋进步的时代背景下,人才的信息可以通过数据的整合实现精准管理和精确定位,人才数据资源的获取、积累、管理、利用对企业获取人才资源、形成人才优势具有重要作用。当前,国有企业人才获取的数字化程度不断提高,具体体现在招聘途径的网络化、招聘人员的数字化等方面。

招聘途径方面,在传统的招聘会、校园宣讲等途径之外,国有企业还通过打造自有网络招聘平台、建设自有微信公众号招聘、在第三方平台上发布招聘信息等网络途径扩大人才触达范围,拓展人才获取途径,提升人才获取效能。国投人力打造"国聘"招聘平台,集成校园招聘和社会招聘等主渠道,为企业提供人才招聘的"一揽子"综合服务,为1 500万人才实现价值搭台。此外,中国国家人才网、中国公共招聘网、中国人力资源市场网等政府招聘网站也为国有企业获取人才提供多条途径。

招聘人员方面,互联网、大数据、人工智能技术的迅速发展,给国有企业的创新进步带来巨大压力。为获取更多人才资源、建立企业人才优势,地方政府和国有企业逐渐重视数字化人才的培养、引进、使用。重庆市2022年发布的《重庆市"智能+技能"数字技能人才培养试验区建设方案》中明确提出,加大数字技能人才集聚力度、激发数字技能人才智造活力、推动数字技能人才协同发展、营造数字技能人才发展生态,是重点任务。

(二)部分国有企业人才获取的问题

1. 人才市场竞争激烈,资源利用不够充分

当前,外部人才市场竞争激烈,人才存在结构性不足,人才质量参差不齐。相对部分国有企业而言,一些民营企业可能会提供更具吸引力的薪资和福利待遇等物质报酬,在外部人才市场上的竞争力更强(赵忠林,2022)。部分国有企业薪酬制度相对刚性,吸引高素质的人才可能变得更为困难。此外,部分国有企业在招聘时没有对高校毕业生、急需紧缺专业技术人才以及有无工作经验等不同的人才类型进行细化区分(钟秋燕,2022),在选择人才时,对高学历、高职称过于看重,容易忽视人才的实际操作能力(陈付伟等,2013),导致招聘有效性不高,错漏企业紧缺人才,对人才市场的利用不充分。

2. 人才招聘流程存在不规范不透明,人才招聘监督机制需要进一步完善

虽然《国有企业领导人员廉洁从业若干规定》中规定,国有企业领导人员实行任职和公务回避制度。主要回避的亲属关系有配偶,父母,配偶的父母,子女

及其配偶,兄弟姐妹及其配偶、子女,配偶的兄弟姐妹。但是,在实际情况中,部分国有企业中可能存在过于重视人际关系、亲戚朋友关系的情况,招聘决策偏离专业和能力导向,发生不合规定的情况。一些国有企业也存在招聘标准和条件不够明确,招聘流程缺乏透明度的问题,这容易导致面试官在招聘中依据个人喜好进行主观评价,使得招聘决策失误,难以获取优秀人才。同时,国有企业人才招聘的监督机制还需要进一步完善。部分国有企业在招聘过程中缺乏有效的内部监督机制和约束机制,一些不当招聘行为未能在企业内部得到规范和制约。总体上,国有企业在人才招聘方面存在流程不够规范和透明,监督和制约力度不足的问题。

3. 人才招聘工具较为单一,招聘效果评估体系不完善

部分国有企业在招聘过程中,过分强调"逢进必考",对于招聘工具的使用较为僵化,招聘工具以笔试、面试为主,公文处理、角色扮演等模拟情境面试使用较少,在选人时不容易全面了解候选人的能力,且容易受面试官个人认知的影响,可能导致人才流失。此外,部分国有企业为节约成本,对不同岗位的招聘采用类似或相同的考核题目,岗位需求与岗位招聘难以很好地结合,不能准确把握应聘者的真实水平和擅长方向,导致其到岗后难以胜任岗位要求或者出现资质过剩的情况,产生"人岗不匹配"的问题。

企业在招聘活动结束后,需要对整个招聘效果进行评估,考察招聘人才是否满足企业需要,同时为未来招聘活动提供有效的经验。当前部分国有企业缺乏配套的招聘效果评估体系,对招聘的成本核算和效果评价做得不够全面深入,较少关注新员工到岗后的匹配程度和绩效情况,也缺少对招聘整个过程的系统分析与总结,企业在招聘活动过程中存在的问题难以发现、反馈或解决,未来招聘活动能够获得的改进有限(钟秋燕,2022)。

4. 内部人才市场利用不充分,存在一定资源浪费

目前部分国有企业内部人才市场利用仍不够充分,存在一定人才资源浪费的现象。例如,部分国有企业晋升机制不透明,缺乏明确的职级激励措施,导致人才在内部市场参与上积极性不足;部分国有企业受到官僚体系影响,决策保守,内部人才市场缺乏活力,难以灵活应对员工的能力和需求;一些国有企业还存在内部岗位信息不流通、信息不对称的问题,员工对内部岗位了解不足,转岗和兼岗动力不足;也有部分国有企业存在内部培训资源不足、发展机会少、岗位交接前后任务分工不明等问题,给内部人才市场利用带去困难和挑战;亦有个别国有企业绩效评估不公平,受主观因素影响大,导致一些有潜力的人才难以被识别,在内部市场中无法获取公正的机会。此外,员工缺乏个性化职业规划,在内部市场中感到迷茫,未来发展方向不明确也影响其在内部人才市场中的表现。由于内部人才市场可能受到人际关系的较大影响,员工的人际关系和关系网也对内部人才市场产生影响。

四、政策建议

(一)建设好雇主品牌,提升人才市场竞争力

雇主品牌是企业通过打造自己良好、积极的企业形象,吸引求职者的一种竞争优势。雇主品牌是企业吸引人才的重要能力(周晖等,2009)。构建好国有企业的雇主品牌,对于提升企业知名度和吸引力,获取优秀人才具有重要意义(黄蕾和胡蓓,2008)。国有企业从计划经济时代走来,不断改革创新、争先发展。大部分国有企业的雇主品牌形象优,是发展空间充分、培育体系完善、社会意义强烈的代名词。但是,也存在部分国有企业雇主品牌建设弱,在人才市场上被认为招聘机制不透明、成长路径狭窄等。

在人才市场竞争激烈、人才面临结构性不足的当下,国有企业应当塑造积极、开放、有活力的企业形象,通过公关活动、社交媒体、行业活动等渠道展示企业文化和价值观,加强外部文化推广(高丹和刘博,2020)。强调企业的社会责任感,参与公益活动,提升企业社会形象。根据市场行情调整薪酬标准,确保具有竞争力。提供具吸引力的福利,如弹性工作时间、远程办公、健康福利等。

(二)完善人才招聘的监督机制,建立更加标准化的人才获取流程

部分国有企业存在《国有企业领导人员廉洁从业若干规定》执行不到位,人才获取流程不透明不完善的问题,对应的监督机制建设也不够完善,对国有企业的雇主品牌造成损失,降低了国有企业人才获取的有效性,也可能造成获取的人才质量参差不齐、难以满足企业发展需要等不利情况。

对此,国有企业要进一步建立透明的招聘标准和流程:制定明确的招聘标准,明确招聘流程,确保每个候选人在相同的条件下进行评估;引入面试评估表和标准问题,提高招聘决策的客观性。强化内外部监督机制:加强内部审计和监察机构的能力,确保招聘决策符合规定,及时发现并纠正不当行为;支持行业协会或监管机构对招聘过程进行评估和监督。提升专业化和素质导向:鼓励专业面试官参与面试,确保招聘决策基于候选人的实际能力和经验;强调招聘决策应该以企业的发展需求和业务要求为导向,避免过度注重个人关系。此外,也可以尝试建立招聘投诉机制,通过匿名的投诉机制,让员工或其他利益相关方能够匿名提出对于不当招聘行为的投诉,从而提高监督的有效性,但也要避免出现恶意投诉、扰乱招聘秩序的行为。

(三)拓宽人才获取途径,优化人才招聘工具

在互联网技术迅速发展的当下,人才获取的方式也将受到影响(裴崴,2023)。招聘途径上,除了传统的校园招聘、猎头招聘等,新兴的正式招聘渠道和非正式招聘渠道并存。正式招聘渠道包括公司网站、微信招聘公众号、第三方线上招聘平台等,非正式招聘渠道包括社交媒体转发招聘信息、广告投放等。招聘工具上,除了传统的人工筛选简历,采取笔试、面试等方法,人工智能可以被运用于筛选与匹配,通过自动分析,快速识别合适简历,也可以被运用于面试评估、人岗匹配等人才获取的全流程环节(欧阳奕,2023)。

因而,国有企业可以积极拓展招聘渠道,维护、拓宽正式招聘渠道,开放非正式渠道,通过线上媒体招募、优秀员工介绍等多种途径获取人才。除此之外,国有企业还应当积极参与行业招聘会、校园招聘活动,争取更多优秀人才的关注。在面对人才结构性不足的问题上,国有企业可以建立专业的招聘团队,了解市场趋势,提升人才挖掘和吸引技能,发现针对性人才,获取与岗位最匹配的专门人才;要注意培养招聘人员具备行业专业知识,更好地理解和满足业务部门的需求。同时,也要注意紧跟互联网和人工智能的发展步伐,采用人工智能辅助技术,将相关技术应用到人才信息搜集、人才简历筛选、面试评估等全流程,提升人才获取的效率,增加人才获取流程的公平性、一致性。

(四)优化内部人才市场,提高内部人才利用率

在外部人才市场竞争激烈的当下,国有企业要充分利用企业资源,既要从外

部市场招揽获取优秀人才,又要充分利用好内部已有人才资源,最大限度发挥人才效用,促进企业发展。在优化内部人才市场方面,国有企业可以重点关注企业内部文化,尤其是管理者思维的变革,认识到内部人才市场和人才内部流转的重要性;设计合理恰当合情的规则制度,保障人才和岗位的双向选择自由;建立内部交流平台和重点项目招募机制,连接重点业务与人才,提升岗位信息的透明度和流动性,为内部人才市场保驾护航;引入内部推荐制度,鼓励员工分享招聘信息并推荐合适的同事;关注转岗计划实施过程中的细节问题,保障好人才隐私,以人为本,从方方面面切实保障内部人才市场的顺利运行,把内部人才用好、用活、用到位。

此外,国有企业可以设立专门的职业规划团队,为员工提供个性化的职业咨询和规划建议;与员工定期进行职业规划谈话,了解其目标和需求,为其提供相关支持。国有企业也需要减少人际关系对内部人才市场的影响,引入客观的评价指标,确保人才选拔更多基于业绩和能力。

第四章　人才开发①

一、引言

人才开发是指将人的才干、智慧、知识作为一种资源加以发掘与培养,以促进人才素质提高和更加合理使用。党的十八大以来,以习近平同志为核心的党中央高度重视人才工作,作出全方位培养、引进、使用人才的重大部署,推动新时代人才工作取得历史性成就、发生历史性变革。千秋伟业,人才为先,党的二十大报告指出,"全面提高人才自主培养质量,着力造就拔尖创新人才,聚天下英才而用之"。国有企业作为国家发展的主力军,更需要深入贯彻并落实人才强国战略,随着国有企业改革深化提升行动的推进落地,做好新时代国有企业人才开发与培养工作,是推动国有资本和国有企业做强做优做大、提升企业核心竞争力的关键保障。

2022 年,决战决胜国企改革三年行动实现高质量圆满收官,国有经济在人才队伍建设方面取得重要进展,人才队伍的数量和质量都有大幅提升,但相较于国有经济高质量发展的实践要求,国有企业在人才开发方面仍存在一些亟待解决的突出问题。如陈雍君等(2023)基于问卷调查法分析了国有企业在人才队伍建设方面的不足,其中,人才培养指标的综合得分明显低于其他几个指标;孙冬梅等(2019)提出了国有企业人才培养的几点问题,包括"对人才培养的重视程度不够""人才培养呈现前重后轻的特点,缺乏系统性和连贯性""人才教育

---

① 本章部分内容发表于《中国人力资源社会保障》2024 年第 2 期。

培训形式化,缺乏实践层面的培育";李重达(2022)指出当前国有企业的人才培养开发缺乏系统性设计、多元化手段和科学性评价,人才接续培养和开发的覆盖面和力度仍有不足,一些中小规模或传统产业国有企业甚至没有人才培养计划。

作为企业提升综合实力的重要手段之一,人才开发与培养能够充分激发企业的内生动力,实现人才资源效用最大化。进一步深入探索适应国有企业的人才开发与利用机制,对于各类人才水平的提升以及创新活力的培养具有十分重要的实践和理论意义。

二、政策及文件分析

当前,我国经济社会处于快速发展的关键时期,对各类人才的需求日益迫切,2021 年 9 月,习近平总书记在中央人才工作会议上指出,"必须坚定人才培养自信,造就一流科技领军人才和创新团队,培养具有国际竞争力的青年科技人才后备军,用好用活人才,大胆使用青年人才,激发创新活力,放开视野选人才、不拘一格用人才"。国有企业应充分发挥人才培养排头兵、主力军作用,全方位谋划各类人才开发计划,最大限度发挥国有企业人才效能。

2010 年 6 月,中共中央、国务院印发《国家中长期人才发展规划纲要(2010—2020 年)》(以下简称《纲要》)。这是我国第一个中长期的人才发展规划,也是一个时期全国人才工作的指导性文件。《纲要》明确指出要统筹抓好"党政人才、企业经营管理人才、专业技术人才、高技能人才、农村实用人才、社会工作人才"六类人才队伍建设,围绕这六类人才队伍,国家层面出台了一系列政策以培养造就各行各业高素质人才。

2022 年 10 月,中共中央办公厅、国务院办公厅印发《关于加强新时代高技能人才队伍建设的意见》,提出要"健全高技能人才培养体系""创新高技能人才培养模式""加大急需紧缺高技能人才培养力度""发挥职业学校培养高技能人才的基础性作用""优化高技能人才培养资源和服务供给"等要求。这是继 2006 年《关于进一步加强高技能人才工作的意见》,中共中央办公厅、国务院办公厅第二次就高技能人才队伍建设专门印发文件,体现了党中央、国务院对高技能人才队伍建设的持续、高度重视。

2023 年 8 月,中共中央办公厅、国务院办公厅印发《关于进一步加强青年科技人才培养和使用的若干措施》,指出"要引导支持青年科技人才服务高质量发展""支持青年科技人才在国家重大科技任务中'挑大梁''当主角'",坚持全方位培养和用好青年科技人才。

2023年10月,工业和信息化部办公厅发布《关于做好2023—2024年度中小企业经营管理领军人才培训工作的通知》,提出要"深入实施企业经营管理人才素质提升工程,提高中小企业经营管理水平"。

2024年1月,人力资源和社会保障部等七部门联合制订了高技能领军人才培育计划,提出从2024年到2026年要联合组织实施高技能领军人才培育计划,努力培养造就更多大国工匠、高技能人才,进一步扩大高技能人才数量规模,提升素质水平。

可以看到,目前重点领域的人才培养工程已逐渐形成体系,高技能人才队伍建设、青年科技人才培养、企业经营管理人才素质提升等计划稳步实施。

除此之外,为拓宽人才发展空间,促进人才合理流动,2018年11月,人力资源和社会保障部公布《关于在工程技术领域实现高技能人才与工程技术人才职业发展贯通的意见(试行)》,提出要"在工程技术领域实现高技能人才与工程技术人才职业发展贯通,促进技能人才与专业技术人才融合发展"。

2019年12月,中共中央办公厅、国务院办公厅印发《关于促进劳动力和人才社会性流动体制机制改革的意见》,明确指出要"拓宽技术技能人才上升通道"。

2020年12月,人力资源和社会保障部公布的《关于进一步加强高技能人才与专业技术人才职业发展贯通的实施意见》提出,应"以支持高技能人才参加工程系列职称评审为工作重点,将贯通领域扩大为工程、农业、工艺美术、文物博物、实验技术、艺术、体育、技工院校教师等职称系列",为打通高技能人才与专业技术人才职业发展通道,加强创新型、应用型、技能型人才培养提供了政策指导。

表4.1　相关政策文件

时　　间	发文机关	政策文件
2018年4月	国家体育总局	《关于印发〈国家体育总局"优秀体育人才培养"和"体育干部教育培训"专项经费管理办法〉的通知》
2018年5月	财政部	《国际化高端会计人才培养工程实施方案》

续上表

时　间	发文机关	政策文件
2018 年 5 月	国家发展改革委、国家粮食和物资储备局、教育部等	《关于"人才兴粮"的实施意见》
2018 年 5 月	文化和旅游部办公厅	《国家旅游人才培训基地管理办法》
2018 年 9 月	教育部、中央宣传部	《关于提高高校新闻传播人才培养能力实施卓越新闻传播人才教育培养计划 2.0 的意见》
2018 年 9 月	教育部、中央政法委	《关于坚持德法兼修实施卓越法治人才教育培养计划 2.0 的意见》
2018 年 9 月	教育部	《关于加快建设高水平本科教育全面提高人才培养能力的意见》
2018 年 9 月	教育部、农业农村部、国家林业和草原局	《关于加强农科教结合实施卓越农林人才教育培养计划 2.0 的意见》
2018 年 9 月	人力资源和社会保障部	《技能人才队伍建设工作实施方案(2018—2020 年)》
2018 年 10 月	国家粮食和物资储备局办公室	《全国粮食行业领军人才选拔培养管理办法》
2018 年 11 月	人力资源和社会保障部	《关于在工程技术领域实现高技能人才与工程技术人才职业发展贯通的意见(试行)》
2019 年 2 月	国家发展改革委办公厅	《2019 年东部城市支持西部地区人才培训计划》
2019 年 3 月	国家卫生健康委办公厅	《关于进一步加强贫困地区卫生健康人才队伍建设的通知》
2019 年 4 月	中央组织部办公厅、农业农村部办公厅	《关于下达 2019 年农村实用人才带头人和大学生村官示范培训计划的通知》
2019 年 6 月	教育部	《关于职业院校专业人才培养方案制订与实施工作的指导意见》
2019 年 9 月	教育部	《关于深化本科教育教学改革全面提高人才培养质量的意见》
2019 年 12 月	中共中央办公厅、国务院办公厅	《关于促进劳动力和人才社会性流动体制机制改革的意见》
2020 年 9 月	国家文物局办公室	《关于开展 2021 年"高层次文博行业人才提升计划"的通知》
2020 年 9 月	工业和信息化部办公厅	《关于做好 2020—2021 年度中小企业经营管理领军人才培训工作的通知》

续上表

时　间	发文机关	政策文件
2020 年 11 月	农业农村部办公厅、教育部办公厅	《关于推介乡村振兴人才培养优质校的通知》
2020 年 12 月	人力资源和社会保障部	《关于进一步加强高技能人才与专业技术人才职业发展贯通的实施意见》
2021 年 4 月	文化和旅游部办公厅	《关于实施全国戏曲表演领军人才培养计划的通知》
2021 年 6 月	人力资源和社会保障部、财政部、国务院国资委等	《关于全面推行中国特色企业新型学徒制加强技能人才培养的指导意见》
2021 年 6 月	科技部、全国妇联、教育部等	《关于支持女性科技人才在科技创新中发挥更大作用的若干措施》
2021 年 8 月	国家文物局办公室	《关于开展 2022 年"高层次文博行业人才提升计划"的通知》
2021 年 9 月	人力资源和社会保障部、财政部等	《专业技术人才知识更新工程实施方案》
2021 年 10 月	中共中央办公厅、国务院办公厅	《关于推动现代职业教育高质量发展的意见》
2021 年 10 月	工业和信息化部	《关于做好 2021—2022 年度中小企业经营管理领军人才培训工作的通知》
2022 年 3 月	人力资源和社会保障部	《推进技工院校工学一体化技能人才培养模式实施方案》
2022 年 3 月	人力资源和社会保障部办公厅	《关于健全完善新时代技能人才职业技能等级制度的意见(试行)》
2022 年 3 月	司法部、教育部、科技部、国务院国资委等	《关于做好涉外仲裁人才培养项目实施工作的通知》
2022 年 8 月	教育部办公厅	《新农科人才培养引导性专业指南》
2022 年 9 月	人力资源和社会保障部、财政部	《国家级高技能人才培训基地和技能大师工作室建设项目实施方案》
2022 年 10 月	中共中央办公厅、国务院办公厅	《关于加强新时代高技能人才队伍建设的意见》
2022 年 12 月	中共中央办公厅、国务院办公厅	《关于深化现代职业教育体系建设改革的意见》

续上表

时　间	发文机关	政策文件
2023 年 8 月	中共中央办公厅、国务院办公厅	《关于进一步加强青年科技人才培养和使用的若干措施》
2023 年 10 月	工业和信息化部	《关于做好 2023—2024 年度中小企业经营管理领军人才培训工作的通知》
2024 年 1 月	人力资源和社会保障部等七部门	《关于实施高技能领军人才培育计划的通知》

三、国有企业人才开发现状分析

(一)国有企业人才开发的现状

1. 人才队伍建设稳中有进

近年来,国有经济在推进布局优化、结构调整、战略性重组的过程中,在人才队伍建设方面也取得重要进展,从业人员的数量和质量都有大幅提升,尤其在创新能力方面始终处于行业前列。在科技人才队伍方面,2021 年中央企业研发人员数量相较于 2012 年增长 53%,研发人员总数达 107 万,中央企业两院院士数量约占全国院士总数的七分之一(郝鹏,2022);在高技能人才队伍方面,2014—2021 年,共有 1 312 人在全国高技能人才评选表彰活动中获得“全国技术能手”和“中华技能大奖”奖项,通过分析获奖者所在单位的性质可知,国有企业和中央企业历年来的获奖总人数一般均能够超过 70%,占据主导地位(周文斌等,2023)。

2. 关键人才培养较为薄弱

科技发展,重在人才,缺少人才就如同无源之水。尽管目前中央企业的人才队伍快速壮大,人才结构不断优化,人才效能持续增强,但相较于世界一流企业员工队伍的结构合理、人才齐全、发展均衡等特征,仍然存在总体结构性短缺现象(董悦等,2023)。中智咨询人才评鉴与发展中心也指出,相较于世界一流企业,十家“创建世界一流企业”示范单位仍存在结构性缺员现象,尤其是 35 岁以下的青年人才和高端科技人才,六成的企业面临着青年人才总量和占比同时下降、高端科技人才总量太少增长缓慢等问题。可以看到,国有企业的关键人才培养是长远来看势在必行但当前却很薄弱的一个环节。加快建设国家战略人才力量,站在国有企业的层面来看,意味着企业需要聚焦战略性、关键性的人才队伍的建设工程。

目前,国有企业已经成为人才培养的主要经济组织,是国家创新驱动发展的重要主体。尽管多数国有企业管理者已经开始逐步重视企业的人才培养与开发,且部分国有企业在人才培养方式创新和人才开发体系建设上成绩斐然,但在落地与实践的过程中仍存在一些问题,如出现了人才培养规划不清晰、针对性和实效性不高、后备人才储备不足、职业发展通道单一等现象。因此,随着国有企业改革持续向纵深挺进,国有企业亟待面对和解决的问题之一,就是如何通过人才开发和培养机制的改进,赋能企业运营效率和效益的提升。

(二)部分国有企业人才开发的问题

1. 系统观念难以彰显,缺乏人才开发顶层设计支撑

部分国有企业的人才开发计划缺乏全局性与系统性。在进行顶层设计时,并未对人才工作进行系统性思考,对人才工作的目标、人才的定位需求、人岗的匹配度等要素缺乏深入分析,进而导致人才的培训开发活动与企业的发展战略存在一定的脱节,设计的人才开发计划常常缺乏创新或较难落地。除此之外,部分国有企业缺少科学和健全的人才培养体系,没有系统培养关键岗位的后备人才队伍,人才开发和接续培养的覆盖面较窄,一些传统行业或中小规模的国有企业甚至没有健全的人才培养计划,这样就会导致人才开发项目散乱、不成体系,且由于缺乏系统性思考和全盘考量,往往无法达成业务的期待。

2. 过程管控难以落实,人才开发流程环节缺失

部分国有企业未搭建统一规范的开发管理体系及跟踪评价流程,会造成培养不连续、过程无抓手、效果难保障等问题(张忠义等,2023)。目前,多数国有企业尚未针对人才开发形成系统的管理体系,缺少培训需求分析、培训成果转化、培训效果评估等环节,培训安排通常与个人绩效、职业发展规划不挂钩,这样就很难对特定目标和岗位进行有针对性的培训。同时,部分国有企业的人才培养呈现"前重后轻"的特点,人才培养工作质量的责任主体不明确,人才开发缺

乏系统性与连贯性。

3. 培养质效难以提升，培训项目实施流于形式

对于部分国有企业而言，存在人才培养措施杂，人才成长实效少，人才培养的针对性和计划性不强，员工积极性不足，认为培养方案"不实用"、脱离实际需求等问题，如企业组织的各种学习培训应接不暇，但没有明确的培训目标，要么完全是为应付上级要求而开展，要么内容单一、千篇一律，导致员工参训的积极性不高、培训效果欠佳（王雄，2020），还有部分企业忽视培训的内容和质量，缺乏人才开发与培养方式创新，整体效能不高。在人才开发项目的组织实施过程中，牵头部门多、流程界定不清以及资源重复浪费等问题导致人才开发项目同质化严重，并引起系统性内耗，不利于员工成长成才。

4. 创新活力难以体现，企业高质量发展动力不足

目前，部分国有企业的创新人才活力不足，人员的创新素质难以支撑企业的高质量发展。根据万德数据库统计，2021 年 A 股 486 家央企控股上市公司中，技术人员比例仅占 22.2%，而经营管理人员比例达 38.6%（周文斌，2023），管理人员臃肿，容易导致人浮于事、机制僵化，技术人员常常奔波于各项行政业务，不利于人才创新产出的提升。中国企业联合会发布的《2021 中国大企业发展的趋势、问题和建议》指出，目前我国技术自主自立压力加大，关键技术亟待突破，全面攻克"卡脖子"技术难关，需要进一步优化创新机制、整合创新资源、汇聚创新人才与创新魄力，在这方面，国有企业更应勇挑重担、敢打头阵，勇当核心技术创新的"策源地"。

5. 晋升通道相对单一，员工职业发展机会不均

部分国有企业存在传统的职业发展通道单一、人才成长路径"窄、短、堵"等方面的问题，使得高成就需要的人才"无路可走"。在纵向上，通道短、周期长等问题导致员工很容易达到职业"天花板"，晋升机会相对较少，员工很难实现自我价值；在横向上，存在岗位序列单一、不同序列间人员流动机制缺失等问题，无法满足企业人才多元化发展的需求。另外，长期固化的岗位设置，不仅会使员工的工作效率及上进心降低，还会影响企业的灵活性与长期发展。有学者还以大型军工电子国有企业为研究对象，指出不同员工序列存在职业发展机会不均衡的现象,其中管理人员相较于专业技术、技能人员的职业发展机会更少,除了参与行政领导岗位的竞聘,其他可选择的职业发展机会较少(范华飞,2021)。

6. 生涯教育浅尝辄止,员工职业规划意识淡薄

人才管理具有长期性特点,而很多国有企业职业发展通道少,存在人才年龄结构、人才层次结构断层等现象,目前多数国有企业尚未建立针对员工的职业生涯规划管理系统,往往采用师徒制等传统方式进行职业辅导,对优秀人才的生涯教育力度不足。此外,由于系统管理较弱,部分国有企业岗位空缺信息与员工职业能力模型信息不对称,人才缺少晋升通道,无法发挥个人优势,产生了人才浪费现象(陈娟,2022)。此外,职业生涯规划指导不到位,还可能导致个人规划与企业发展无法紧密联系,从而影响人才开发与培养的实施效果,在一定程度上降低了国有企业对人才的吸引力。

四、政策建议

(一)重视人才开发顶层设计,精准施策引领人才成长

(1)要树立人才开发理念。人才开发是一个综合概念,其目标是关注员工长远的能力提升和职业发展,因此企业要强调开发重于培训,组织要培养所需要的人才,培训只是其中的一个方法,更重要的是人才开发,需要进一步探索在职教育、工作实践、人际互动、人才测评等方面的内容,从而帮助员工实现自我价值,帮助企业获得市场竞争优势。

(2)要构建人才开发体系。人才开发体系化,应做到"着眼于大,落脚于小"。"着眼于大"意味着在进行人才开发项目设计时,要结合员工生命周期进行思考,了解其生涯发展每个阶段的业务要求,以及员工需要具备的能力或素质,然后基于此框架进行关键岗位或层级的开发项目设计;"落脚于小"意味着可以从某一个关键岗位或层级的某个阶段切入,设计小而美的人才发展项目,在保证项目易于实施的同时,也能够从更高的角度思考在体系内对于未来的价值。

(3)要强化人才梯队建设。人才梯队建设应基于人才盘点工作展开,通过对企业战略、组织能力和人才现状的深度盘点,厘清人才工作的现状及发展目标,通过对关键岗位和核心人才进行评估,构建高潜人才池和岗位继任计划,集

中培训、轮岗、教练等资源进行人才培养，分层分类打造定制化的高层次人才开发计划，并依据后备人才的专业特长、能力特点、培养方向等，设计符合人才成长规律的梯次成长路径和胜任素质提升方法。

（二）健全人才开发运营模式，追踪问效保障培养成果

（1）要规范人才开发工作流程。要实现人才开发过程中的需求调研、体系设计、资源协调、活动实施、成效评估等环节的规范化和标准化，设计统一的表单或行动指南，科学设计实施流程，提高工作效率，使人才开发管控体系落地更加简单高效。

（2）要健全人才开发责任机制。建立健全人才培养责任机制，根据企业的实际情况，按照人才开发的实施范围和对象，明确约定不同的责任人，压实人才开发责任。同时，合理授权，将人才开发工作进行有效分解，并督促责任落实，进一步保障人才开发体系的有效实施和效果转化。

（3）要强化人才开发效果反馈。加强培训质量评估工作，建立培训后的"追踪问效"制度，推动人才培养与开发的良性循环，将行为和业绩的改善效果纳入考核，充分调动员工参与教育培训的积极性。

（三）优化人才开发资源配置，促进人才培养提质增效

（1）要坚持人才开发方式创新，提高资源配置效率。要将培训开发活动上升到关系国有企业降本增效、组织能力建设、企业现代化转型升级的战略性任务来抓，基于战略分解和素质模型建立课程体系，通过培训积分、学员付费、与晋升和薪酬紧密关联、领导带头学习和讲授等方式引起员工的重视，力戒形式主义，减少不必要的培训。

（2）要确立业务导向，活化开发形式。这不仅要求从课程设计之初就要符合业务部门的课程需求，更重要的是在交付环节让业务部门满意，可以采用案例分享、场景还原、辩论比赛、模拟演练、行动学习等沉浸式学习模式，让学员们亲历、感知、体悟、实践工作全过程，从而进一步丰富活动载体，创新工作方法。

（3）建立人才交流制度，充分发挥协同作用。通过核心部门历练、挂职锻炼、岗位轮换、借调使用、内部兼职等方式，以加强实践锻炼为主线，遵循人才成长规律，使人才在培养中使用、在使用中提升，增强人才互动和信息的有效传递，加速其实践积累并形成信息反馈机制,同时也能够帮助员工探索符合自身情况的工作方向与岗位,推动企业人才结构的优化调整。

（四）发挥平台价值驱动作用,实现组织知识萃取沉淀

（1）打造特色鲜明的企业内部培训机构。企业内部培训机构一直被冠以"企业大学"的名称,但2021年《关于规范"大学""学院"名称登记使用的意见》规定,企业不允许使用"大学"字样。这些培训机构是建设知识管理平台、整合人才开发资源和塑造传播企业文化的关键阵地,国有企业应在拓宽其宽度的同时加大深度,围绕人才需求和业务发展开发实用性强、人岗匹配的核心课程体系,丰富课程学习方式,完善数字化学习平台,打造品牌学习项目。除此之外,积极加强与高校和科研机构的合作,通过相应教育帮助员工获得学分,进而获得专业学位认证。

（2）构建国有企业内部培训师培养体系。内部培训师体系作为企业内部知识管理的载体,能够推动内部知识的产生与沉淀,加速核心知识与技能的内部传播扩散,在企业人才培养和知识传递中起着推动的作用。通过打造组织内部培训师队伍与体系,可以高效解决师资问题,帮助控制组织学习发展成本,优化学习发展资源,培养学习型组织。此外,内训师更能从企业业务与文化角度出发,将自身经验高效转化成组织知识留存,增强培训的落地性和针对性。

（3）训战结合为关键人才培养精准赋能。企业应从实战需要出发,在突破挑战性任务的同时锻炼其能力,也就是"以用为始,以战代训",仗怎么打,兵就怎么练,不以思想政治教育代替业务培训,不搞隐喻打哑谜,培训必须"刀刀见血",要从图文、物理、情绪等多层次重现业务情境,基于真实、典型、有挑战性的工作场景来开发课程,学员在课堂上就可以完成很大一部分内容的迁移,而不必在结课之后凭个人悟性再进行重构和个体迁移,培训活动要以实训为主,理论知识学习可以前置、可以自学,建立翻转课堂,实训活动中可安排组间对抗,实训活动之后要安排总结、复盘、反思、经验交流。

（五）积极引导创新资源集聚,激发人才自主创新动力

（1）推动产学研深度融合。企业的人才培养不能局限于企业内部,而应当从提升企业人力资本价值的角度,从企业内部和外部共同努力,搭建协同育才平

台、精细化培养,建立联合培养计划,充分利用高校和科研院所的优势资源,加强拔尖创新人才自主培养,推进产学研联动的人才开发新模式,打造良好的创新创业生态体系。

(2)营造激发创新的生态环境。应大力营造鼓励创新、崇尚探索、追求卓越、宽容失败的浓厚氛围,积极开展各类开放性的学术及实践交流活动,构建鼓励争鸣和批判性讨论的空间,培育鼓励自由探索的创新文化氛围,建立共享式知识学习和交流的载体,创造让人才心无旁骛、潜心致研的良好条件和环境,激发人才干事创业、创新创效的热情。

(六)健全人才顺畅流动机制,拓宽打通职业发展通道

(1)精细设计多元立体通道。打造纵向畅通、横向贯通的人才发展机制,促使人才具有更加多元化的职业发展机会。横向上,打造系统集成的人才认定平台,建立职称评审的贯通机制,实现不同序列人才的职业发展互通,减少员工工作倦怠感,帮助其进行多方位学习(孙冬梅,2019);纵向上,针对人才的不同成长阶段、不同层级,分别研究制定相应的人才支持计划,提供个性化、梯次化的人才成长路径,进而打破传统职业通道的条块分割和等级壁垒,搭建各类人才施展自身能力和才干的平台。

(2)铺设人才成长高速公路。为人才提供不拘一格的"出彩"平台,助力高水平人才集聚和人才高地形成。建设世界重要人才中心和创新高地,人才本无定格,尤其是顶尖人才,人才通道也应不拘一格。只有极具吸引力的人才引进和脱颖而出的平台才能集聚人才、形成人才高地。在常规发展通道之上,还应本着开放、包容的理念打造非常规通道、绿色通道,打破逐级晋升的金字塔体系,跳出已有管理通道和专业通道的限制,为特殊人才、领军人才、紧缺急需人才提供重大项目机会和创新创业平台。

(3)提供晋级与轮岗学习包。一方面,提供职业生涯纵向发展的晋级学习包,当员工晋升到更高级别的岗位时,帮助其更快地适应新工作的课程;另一方面,提供职业生涯横向发展的轮岗学习包,当员工在不同部门和岗位之间进行横向转换时,为其提供学习资料与辅导教练以适应新岗位的工作要求,进而保持人才队伍活力,持续推动人才成长。

(七)精准把脉生涯发展需求,量身定制个人发展计划

(1)加强职业生涯教育辅导。深入推进生涯教育相关项目,将生涯教育作为基础元素融入人才培养和人才管理全过程,指导员工建立职业生涯规划目标,将员工自身的职业生涯发展愿望和组织的人力资源需求充分结合,帮助员工从更广泛角度上理解生涯规划的意义,引导其更新职业发展理念,增加职业发展的形式,如晋升、平行调动、丰富职务内容等,促使员工积极主动地学习新知识、新技能。

(2)构建关键岗位学习地图。以员工能力发展路径和职业规划为导向,构建关键岗位的学习地图,量身定制员工所需要的培训计划和培养方式,增强针对性,强化计划性,着力增强培训效果,同时也能够体现员工在组织内学习发展的路径。基于学习地图,员工可清晰地了解自己从一名底层的新员工成长为企业高级专家或者管理者所需经历的职业发展阶段,应该具备的能力、学习的内容,从而构建自己的"个人学习发展计划",提升自己的能力,快速成长为组织所需的关键人才。

(3)健全人才管理信息系统。国有企业员工数量庞大,鉴于此,国企可以研究开发职业生涯规划管理系统,利用大数据进行员工职业生涯的精准规划管理,绘制清晰透明的职业发展路径。通过建立后备人选数据库,针对每一位新入职的员工绘制职业发展路径图和个人动态信息表,跨级别领导层可随时调阅每位员工的职业发展与成长情况,确保基层员工不被淹没在人海中(白正平,2018),全方位系统性掌握人才综合信息,实现职业生涯的精准规划。

第五章 人才评价

一、引言

人才评价,是一种对人的素质、能力、业绩、贡献、发展性及其价值进行认定、区分与促进的过程(萧鸣政,2021)。人才评价是对人才的工作一贯表现的评价,"工作"是指一个人所承担工作的全部内容,"一贯"意味着时间维度上纵向而非截面的工作表现。企业进行人才评价归根结底是为企业的战略发展服务。战略制定到落地的程序中,人才管理水平关乎企业的发展,推动着企业战略目标的实现,人才评价是人才管理工作的基础所在。

关于人才评价体系的具体内容,目前得到认可的维度包括:人才评价对象、人才评价目的、人才评价方法、人才评价内容、人才评价主体、人才评价结果应用、人才评价周期、人才评价保障制度等。

随着国有企业改革不断深化,在传统的管理经营模式向现代化管理转型过程中,人才竞争力成为企业核心竞争力的根本来源,国有企业人才除了需要具备较高的专业素养、学习能力等,还要求具备过硬的政治素质和调查研究能力,人才画像在不断升级。国有企业在长期的实践中积累了较为丰富的人才评价经验,结合政策要求和企业发展需求,在人才评价机制完善上取得了较为突出的成效。但另一方面,作为组织管理的体系建设,部分国有企业的人力资源管理比较传统,相对民营企业、外资企业等在激励机制、绩效考核等方面存在一定的不足,人才评价缺乏客观公正的标准,难以满足人才发展变化的需求,这会导致市场竞争背景下国有企业人才吸引力弱化。国有企业人才评价机制的完善,有利于进一步吸引和保留高素质人才,进一步打造一支素质过硬的人才队伍。

本章从国有企业人才评价政策要求和现状出发,结合国有企业人才特点和评价体系现存问题,提出完善国有企业人才评价体系的政策建议,并进行案例分析和讨论。

二、国有企业人才政策梳理

一直以来,国家高度重视人才制度顶层设计,评价是人才管理的重要抓手,也是出台文件最多的人才管理领域,我们对历年来国家出台的有关人才评价特别是国有企业人才评价的政策文件、会议文件进行系统梳理之后发现,对人才评价的改革整体上坚持问题导向和分类推进的思想,着力克服现存问题;实践过程中提倡引导和激励,结合人才特点和使命导向,希望通过评价标准和方式的改革进一步激励、引导人才发挥作用;同时部门与地方协同联动也为推动改革落地提供了合力。

2003 年 12 月第一次全国人才工作会议召开,会后印发《关于进一步加强人才工作的决定》,在党的历史上首次对实施人才强国战略作出全面部署。该决定确立了"党管人才"原则与"人才强国"战略,提出了科学的人才观与人才评价机制的问题,对人才评价对象、评价标准、评价主体、评价方法等提出建议。人才评价机制可以概括为:在职位分类和岗位分析的基础上,专业人才评价机构或人员通过制定合理的人才评价标准,构建以业绩为依据,由品德、知识、能力等要素构成的各类人才评价指标体系,运用主体明确、各具特色的评价方法和现代人才测评技术,对人才进行测量和评定并合理使用其评价结果的一整套科学的、社会化的机制。我国人才队伍建设迎来了新格局的开辟,人才评价机制与体系的建设也迎来了全面布局的开端。

2010 年 5 月第二次全国人才工作会议召开,部署了我国第一个中长期人才发展规划——《国家中长期人才发展规划纲要(2010—2020 年)》,明确了 10 年人才发展的战略目标、指导方针、重大政策和重大举措。《国家中长期人才发展规划纲要(2010—2020 年)》提出"把充分发挥人才作用作为人才工作的根本任务",在人才评价内容和评价应用上提供了思路:克服"二唯"——不唯学历、不唯论文,强调了人才评价的实践导向,一是用实践中的贡献评价人才,二是人才评价用于实践,利用人才评价在实践中识别和发现人才。这次会议确立了人才优先发展的战略,也标志着人才评价体系建设进入了全面推进的阶段。后续出台的管理人才、高技能人才等中长期规划进一步落实了人才发展精神理念,从不同的人才类型角度对人才评价机制的改革提出要求,人才评价内容上都强调了能力与工作绩效相结合,其中对管理人才特别提及品德考核,同时还对评价结果在人力资源各个模块的联动应用提出要求。

党的十八大以来,对人才事业发展和人才队伍建设做出一系列重要支持。这其中包括《关于深化人才发展体制机制改革的意见》《关于深化项目评审、人才评价、机构评估改革的意见》《关于分类推进人才评价机制改革的指导意见》等一系列的政策举措,进一步强调了科学分类的基础和自主评价的要求,需要"加快形成导向明确、精准科学、规范有序、竞争择优的科学化社会化市场化人才评价机制"。2018年10月科技部、人社部等五部门联合开展清理"唯论文、唯职称、唯学历、唯奖项"专项行动,旨在构建形成符合新时代要求的人才评价新体系、新机制。人才评价改革进入了完善阶段。

2021年中央人才工作会议召开,围绕深化人才发展体制机制改革作出重要部署。《关于加强新时代高技能人才队伍建设的意见》《关于开展科技人才评价改革试点的工作方案》等,针对各类人才评价机制存在的问题提出了发展要求,2023年发布的《关于进一步加强青年科技人才培养和使用的若干措施》对评价方式提出了具体的要求,要科学设置评价考核周期,减少考核频次,开展分类评价,并且对"四唯"和"数帽子"问题提出了具体的规避措施。

表5.1　相关政策文件

时　间	发文机关	政策文件
2003年12月	中共中央、国务院	《中共中央 国务院关于进一步加强人才工作的决定》
2010年6月	中共中央、国务院	《国家中长期人才发展规划纲要(2010—2020年)》
2011年7月	人力资源和社会保障	《高技能人才队伍建设中长期规划(2010—2020年)》
2016年3月	中共中央	《关于深化人才发展体制机制改革的意见》
2018年2月	中共中央办公厅、国务院办公厅	《关于分类推进人才评价机制改革的指导意见》
2018年7月	中共中央办公厅、国务院办公厅	《关于深化项目评审、人才评价、机构评估改革的意见》

续上表

时　间	发文机关	政策文件
2019 年 9 月	人力资源和社会保障部	《关于改革完善技能人才评价制度的意见》
2020 年 9 月	人力资源和社会保障部	《技能人才评价质量督导工作规程(试行)》
2020 年 10 月	中共中央、国务院	《深化新时代教育评价改革总体方案》
2021 年 2 月	中共中央办公厅、国务院办公厅	《关于加快推进乡村人才振兴的意见》
2022 年 9 月	科技部等八部门	《关于开展科技人才评价改革试点的工作方案》
2022 年 10 月	中共中央办公厅、国务院办公厅	《关于加强新时代高技能人才队伍建设的意见》
2023 年 8 月	中共中央办公厅、国务院办公厅	《关于进一步加强青年科技人才培养和使用的若干措施》

总的来看,日益完善的人才评价相关政策文件为国有企业的人才评价体系提供了导向引导,具体体现在评价体系中评价对象、评价方法、评价主体和评价指标的反复讨论,并呈现出一致的结论:如评价主体的多元化、评价内容中对品德的强调,对现有人才评价体系中的问题进行针对性改革等,这些都为国有企业人才评价体系改革提供了根本指引。

三、人才评价的实施现状分析

(一)国有企业人才评价体系现状

人才队伍建设是国有企业持续发展的关键战略因素,也是企业发展壮大的第一资源。通过对已有文献、调研报告和企业实践中的人才评价制度的分析,下面从评价理念、评价内容、评价方式、评价主体四个方面总结了国有企业人才体系建设的特点。

1. 评价内容社会化和多元化、动态性和联动性

从国有企业人才评价体系的具体内容来看,社会化和多元化、动态性和联动性是其主要的特征。社会化维度包含评价主体和评价目的两个方面。评价主体的社会化意味着人才评价主体不仅是行政管理部门,也面向全社会选择评价主体,既包括政府机关的人员,也有中立的社会人才评价机构。评价主体的社会化

体现了人才不仅是企业的人才,更是行业和社会人才的思想,更有利于人才的流动和发展。

多元化特点主要是评价内容和评价工具的多元化和评价方法的多元化,随着国有企业深化改革和数字化程度的提高,不少企业对根据岗位特点进行多元化的人才评价、运用数字化手段提高效率和科学性,构建与完善人才信息数据库等进行了积极探索。

人才评价机制不是静态的评价体系,具有动态性,企业所面临的环境动态发展,岗位职责不是一成不变的,处于动态发展环境中的个体在能力和需求方面只能维持短时间内的稳定性,国有企业为提高市场和国际竞争力,越来越重视人才动态评价的思想,本质上是关注人才的培养和发展,如有些企业采取人才动态评价积分制、建立人才库和业绩动态追踪制度等,强调个人品德、能力与贡献力,动态调整培养重点。

人才评价工作与人力资源管理各个模块有整体联动,不是孤立存在的,国有企业人力资源实践中评价结果一般与考察任用、薪酬激励和人才成长发展相结合,如"强化考评结果的运用,坚持经营业绩考核结果与领导人员薪酬激励相挂钩,综合考评结果与领导人员培养相挂钩",这也正是人才评价体系发挥"指挥棒"作用的关键。

2. 评价方式科学化、精准化

从人才评价体系的改革效果来看,人才上升至战略地位、人才政策积极、开放探索的背景下,人才评价方式正从较为粗放向精细化方向发展,人才评价的要素从单一要素向核心要素深化,经过十余年的发展,当前人才评价研究与实践已经朝着分类化、精准化与科学化的方向进行了诸多探索;人才分类评价思想已经在较多国有企业人才评价体系中有所体现,分类标准结合不同行业、不同职业、不同岗位和不同层次的工作体系和人才特点。实践中的分类标准,如"技术人才、技能人才、营销人才、专业人才、经营管理人才"五分法(高蓓,2018);科学化和精准化体现在人才评价指标上,破除"五唯"——不唯学历、不唯职称、不唯资历、不唯身份、不唯论文,坚持和强调"德才兼备、以德为先"的首要标准,关注人才品德、能力、知识和业绩的大导向,突出评价标准的精准,辅以精准设置评价周期和制度。例如,对基础研究人才、青年科技人才,采取长周期评价为主、年度评价为辅的方式;对应用型人才、技能人才,采取大赛评价、代表作评价和行业评价相结合的方式,使得人才评价与人才发展相匹配、相适应。

3. 评价主体市场化、社会化

人才评价主体上,在强调用人单位评价主体地位的基础上,国有企业在市场评价和社会评价上也进行了积极探索,主要体现在市场和行业评价机制逐渐完善、人才评价技术水平的推广和人才全方位评价的优化。例如,在职称制度改革的过程中提出的"谁来评、怎么评、评什么"等核心问题突出了人才评价的实践导向和发展导向,强调"同行评同行,内行评内行",行业协会在此过程中发挥积极作用,在职称评审过程中发挥着越来越重要的作用,这也是人才评价主体市场化和社会化的一个重要发展,市场化和社会化导向使得人才评价更加专业化、更符合行业发展要求,人才发展与企业使命更好地统一起来。

(二)部分国有企业人才评价体系存在的问题

数字经济时代,面对复杂多变的外部环境,越来越多的国有企业开始打造柔性组织的设计,突出项目制管理和扁平化管理,在此环境中,也凝聚了一批专业素养较高,具备很强的学习能力、组织协调和管理能力、技术研发能力,有较强的环境适应能力和应变能力的人才,但是目前在部分国有企业的人才评价实践中,在评价体系各环节中仍然存在一定问题,需要进一步科学规范人才评价体系,激发人才活力。

1. 人才评价理念待更新

传统的人才评价体系中,从分层分类评价的趋势可以看出,有些国有企业更多基于企业的职位体系和岗位要求对人才进行评价,关注人才评价制度如何帮助企业选人用人,忽视人才对于企业的要求,在人力资源新常态的背景下,国有企业年轻员工的人员流失也是人力部门常见的苦恼(王佃勇,2021)。究其原因,部分国有企业的考核机制及对应的激励措施对年轻员工而言不利于其职业发展,如强制分布模式和保守的薪酬激励措施,论资排辈现象制约了部分年轻员工的发展和工作积极性。如何从人才评价的制度出发吸引与保留员工,是人才管理应该思考的问题。应该强调员工与企业共同发展的理念,在人才评价的过程中不仅是对员工提出要求和进行评价,也需要在整个过程中充分了解企业的人才特点和人才需求,贯穿评价体系设置的全过程,并为人力资源管理其他模块提供有价值的实践依据。

2. 人才评价指标欠科学

从人才评价指标来看,国有企业在人才评价体系中强调学历、职称等,对品德、能力和业绩进行量化评价,但是在具体评价指标设计的过程中,部分企业存在较强的主观性,有些岗位缺乏明确的工作分析和职位说明书,对胜任力要求不明确,对于业绩的评价不够量化。此外,有些国有企业人才评价容易陷入的另一个误区是过于关注经验、知识和岗位能力,而忽略人才发展潜力的评价(周敏和潘其丽,2018),导致人才评价缺乏动态视角和长期视角,实践中可能出现人才提拔后表现不佳或者难以胜任的情况,这种"高分低能"的情况是评价指标缺乏科学性导致的。

3. 人才评价主体欠多元

从责任主体来看,部分国有企业在推动人才评价机制改革、运行人才评价体系的过程中,组织人事部门从头到尾承担着主体工作(王帅和郑杰洁,2018),从人才评价计划的制订,到评价内容的确定和细化,再到评价过程的实施和评价反馈,全过程"包揽"和"亲力亲为",很多用人单位及职能部门在评价体系中参与不足,这导致实施过程中这些单位主动性缺失,甚至可能对评价工作的意义不认同,导致人才评价工作流于表面和疲于应付。

从评价主体的专业性来看,目前有些国有企业人才评价专业人员缺乏,人才评价的专业工作者数量不足,有些人员素质和水平还有待提高,特别是职业道德建设、专业基础知识和评价系统操作技术。很多中小型企业,其人力资源管理的成熟度远不足以支撑复杂人才评价工具的开发与实施。例如,专业笔试题库的开发,需要企业人力资源工作者非常了解业务,具备与业务沟通的能力,并且有能力推动岗位专家进行题库及评分标准的编制。一些企业对性格测评工具陌生,如果企业的人力资源团队不了解性格测评工具背后的原理,不具备解读测评报告的专业能力,可能会造成性格测评的不当使用,比如只通过性格测评结果就断定某个候选人不适合其应聘的岗位。

4. 人才评价结果待应用

人才评价工作需要形成闭环体系方能实现其在人才管理工作中的作用,体系泛指一定范围内或者同类的事物按照一定的秩序和内部联系组合而成的整体(宋继勋等,2011)。正如前文所提及,人才评价体系是为实现人才评价功能、推进人才战略、发挥人才价值的各评价要素及其持续联动的运行系统,人才评价体系的建设也是"选、用、育、留"的关键,但是目前部分企业的人才评价工作尚未建立体系,最主要的一个表现便是评价工作与人才管理的其他工作割裂,仅停留在评价实施的表面,而缺乏从制度和战略层面的整合。例如,有些企业的人才评价工作与员工激励和员工培养等工作脱节,评价结果主要应用于工资和奖金的计算,而实际从人才评价的功能来看,除了鉴定功能之外,人才评价还具有预测、诊断、导向和激励其他四个功能(郦解放等,2021)。预测功能是指人才评价能够对被评价者的未来行为、发展潜力、业绩状况等提前做出预估和判断;诊断功能是指人才评价能够发现被评价者个体或团队的优势特征与不足之处,并进而为人才的改造提升提供依据;导向功能是指人才评价对人才发展的目标导向作用;激励功能是指人才评价能够激发积极向上的愿望和动机,并使其自觉自愿地努力学习和工作,爆发出澎湃的动力。目前国有企业主要停留在对人才的知识技能、能力水平、工作绩效等做出质与量的区分认定,缺乏多种功能的联动应用,形成人才评价体系。

四、政策建议

(一)明确评价导向

人才评价是人才工作的基础,是人才体制机制改革的关键所在,对激发人才内生动力、营造企业人才文化氛围、优化人才供给具有重要作用。因此,在制定、优化人才评价方案之前,需要明确国有企业人才评价的导向:一是为人才培养开发提供方向。通过建立人才评价选拔指标,为人才自我学习成长与组织培养发展提供指引,同时依托科学的评价技术方法,有效发现人才能力素质短板,提供精准的人才培养方案。二是为企业用人提供方向。以企业战略目标为导向确定人才发挥作用的着力点,鼓励企业各单位按照人才评价的内容为人才提供发挥作用的平台,促进人才的有效使用。三是为人才主动发挥作用提供方向。通过建立各级各类人才考核评价指标,为人才主动价值创造提供指引(周晓新和全立云,2018)。

因此,管理者和人力资源部门需要树立发展性的评价理念,这是一种最初应用于英国企业的评价思想,以激发评价对象活力、促进评价对象成长、推动组织目标实现为根本目的,重视评价对象主体性、自觉性的评价,有利于激发评价对象的创新热情和积极性(杨月坤和查椰,2020),组织目标和个人目标的共同实现是这种评价导向的理想结果。应用到国有企业的人才评价领域,具体有以下几个方面的启发:一是要提高评价对象对评价体系的认可度和主体意识,评价对象对评价体系的认可度、参与度和满意度也是重要的反馈信息;二是要突出评价体系的匹配性,针对不同岗位类别的工作特征实行分类评价,分类评价不仅是基于职位的分类,评价目标、评价技术因素也要进行充分的考虑,多元评价主体的参与也有利于提高评价体系的匹配性,有助于评价对象的全面发展;三是关于评价的保障与应用,需要基于人才的需求和职业发展,加强资源的整合开发能力,将评价应用于人才管理的众多环节,为人才的发展提供支持。

（二）完善评价机制

日益完善的人才评价政策体系为国有企业的人才评价机制提供了明确的指导,为评价机制的完善提供了清晰具体的方向,如评价标准、评价方式、评价主体、职称制度等方面的完善。人才评价是一种对人才的测量、评价和发展的活动。评价体系主要包括评价标准、评价对象与主体、评价方法三个方面,回答"评价什么""评价谁""谁来评""怎么评"的问题(李晨阳,2022)。人才评价除了标准、工具和人员,制度流程也是核心组成部分,如何将人才评价融入人才管理全流程,如何保障评价体系对人才发展的支持,还需要重视制度流程的创新性和协同性(邹润清,2023)。如针对科技人才建立长周期的评价机制,针对业务团队建立个体团队联动的人才评价机制,对于管理者则要重视人才的动态评价机制,实行能进能出的动态考核机制。

在保证用人单位评价自主权的前提下,需要建立人才选拔、使用、考核、晋升一体化的人才评价机制,完善内部监督机制,优化人才供给,提高人才品质,促进人才供给侧改革,形成以业务发展、人才发展为核心,持续优化的人力资源产品服务链,打造高效和优质的人才供应链和人才发展链。

（三）细化评价标准

评价标准基于任职者的岗位职责,涵盖(个人和团队)业绩目标、知识、能力、技能等内容,评价标准的作用是将抽象的评价描述和人才画像转化为可操作、可测量的指标,具有细化和量化的特点,针对国有企业人才评价标准欠科学欠全面的现状,人才胜任力模型的开发设计具有重要意义(王媛媛,2021),有助于选拔出个人能力与企业战略匹配、个人动机与组织文化价值观匹配的人才。但胜任力模型的建构是一项复杂的专业工作(梁爽,2023),按照企业所需的核心专长与技能,将员工胜任力分为通用胜任力、可迁移胜任力、专业胜任力、职位胜任力和团队结构胜任力、领导胜任力、核心胜任力等数类。国有企业一般人才的胜任力模型主要由通用胜任力、专业胜任力和核心胜任力构成,通用胜任力主要体现企业战略和文化对人才的综合素质要求,包括自我认知、个人特质和基本能力素质(如理解、推理、分析、管理等方面的基本技能);专业胜任力体现岗位对人才从事工作的专业程度要求,优秀人才需要在掌握基本专业知识的基础上,把握专业发展方向和实践运用动态,高层次的人才甚至需要掌握多个领域的专业知识和技能,对标复合型专业人才;核心胜任力是区分优秀员工与一般员工的主要维度,更加考察员工的业务能力水平、创新能力、风险精神、领导潜能、政治立场等素质特征,也是选拔搭建人才梯队、实施继任者计划的重要参考。国有企业在胜任力管理中必须关注各类别员工胜任力的均衡发展,既要保证各类别员工能力的不断提升,以满足实现企业战略的要求,也要强调各类别员工之间能力结构的有效匹配与协同。

应用于人才评价的胜任力模型主要包括任职者的知识技能、专业能力、通用素质等维度(谢劼,2018),依据人才胜任力模型细化评价标准并采用合适的评价方法,有利于完善涵盖品德、知识、能力、业绩和贡献的人才评价体系,提高人才评价的科学性,同时胜任力模型的预测性也为人才评价应用于选拔和激励等领域提供了更有力的支撑。

(四)丰富评价方式

《关于分类推进人才评价机制改革的指导意见》中提出要丰富评价手段,强调对不同职业、不同岗位的人才采取更加具体和精准的测评方式,这也是新时代人才评价机制的建设重点之一(萧鸣政和张湘姝,2018),评价方式的选择需要根据岗位特性和人才发展规律进行选择,兼顾定性和定量,结合传统方式与现代技术、发扬民主和组织把关、科学设置评价周期。

(1)定性评价与定量评价相结合。单纯绩效评价或人才全面评价(综合考评)

都存在定性与定量两种路径。具体实践中,定性评价标准与定量评价标准各有利弊,单纯的定性评价或单纯的定量评价都很难做到客观、公正、准确,因此需要强调定性评价与定量评价相结合的评价方式。信息技术和考评测评技术的发展为实施定性评价与定量评价相结合提供了技术支撑。除了面试之外,心理测验、评价中心等逐渐进入人们的视野,人才的知识、人格、认知、能力及动机等方面的评价方法兼顾定性与定量测量,使人才评价越来越标准化、规范化、科学化。

(2)传统测评与现代测评相结合。人才测评的结果是否能被评价对象认可,进而促进人才的成长发展,一定程度上与人才评价技术先进性相关。现代人才测评技术综合和运用心理学、管理学、教育学、行为科学等学科的理论和技术基础,需要基于科学规范开发的岗位胜任力模型,选取和岗位实际需求匹配的心理测试、笔试、面试、评价中心、履历分析等测评技术,对人才实施较为全面的识别和评价。引入现代人才测评的技术手段,有利于将人才潜在能力量化评估,体现国有企业人才评价的人岗匹配性和人才发展成长性目标,为考评体系提供保障支撑。此外,大数据时代的到来也为人才评价提供了更多灵活性和更高效度的可能性。传统人才管理中使用测评技术作为衡量员工态度、行为的关键手段,如满意度、敬业度、工作倦怠、离职意愿、创造力、绩效等的测量成为人力资源管理的有效依据与晋升标准,这类测评总会面临社会赞许性与匿名作答的问题;而工作网络的普及使得管理者可以随时随地对员工的行为进行观察(李志和李红,2017),动态化的数据可以随时随地给人才和管理者以反馈,数据对于人才测评而言,不仅带来测评内容、形式和流程的改变,而且伴随了理念和伦理规范的问题(李育辉等,2019),这也是实践与学界需要进一步面对和探索的方向。

(3)发扬民主与组织把关相结合。在评价的全过程中,加强发扬民主与组织把关的结合度,实现监督的多元化,是在工作中扩大民主的具体实践和重要任务。人才评价过程的沟通、人才评价结果的公开透明,是员工有效参与评价工作的前提。国有企业人才评价要注重发扬民主与组织把关相结合。

(4)短期评价与长期评价相结合。国有企业人才评价应该遵循不同类型人才成长发展规律,科学合理设置评价考核周期,《关于分类推进人才评价机制改革的指导意见》中提出,要注重过程评价和结果评价、短期评价和长期评价相结合,克服评价考核过于频繁的倾向。评价周期的设计需要考虑行业人才特点、岗位特征、技术/项目周期等因素合理设置,突出中长期的目标导向,如在人力资源和社会保障印发的《国有企业科技人才薪酬分配指引》中提出,要"适当延长基础研究人才、青年科技人才等评价考核周期,原则上以 1 年作为考核周期,特殊的可以 3 年至 5 年作为一个周期,鼓励持续研究和长期积累"。长期评价更有利于动态、跟踪考察,更加深入进行民意调查,也是领导人才全面了解、明确识别、科学评价的重要考虑因素。

(五)多元化评价主体

考虑到人才评价的复杂性本质和全面性的要求,很多市场化企业已经纳入多元评价主体以实行 360 度全方位的、立体的综合评价,国有企业人才评价体系改革亦可以大力拓展多元评价主体、多视角维度的评价方式,以提高人才评价的公平性、专业性和全面性。在市场经济改革持续深入,人力资源服务业快速发展的背景下,人才评价的实践探索开始走向市场化(萧鸣政等,2022),可以考虑的评价主体包含政府部门、用人单位、中介机构、外部市场、同行专家等,评价主体的选择和所选评价主体权重的确定,需要考虑人才评价的目的、人才的岗位特征、原来评价体系的局限性等综合决定。

政府部门对评价标准和评价过程更多承担规则制定、协调监管的作用。用人单位是关键的评价主体,需要在政策和监督机制的引导下设计促进组织与个人成长的评价规则,并选择具备一定经验和能力素养的人员,建立具有人才评价理论知识的评价小组,国有企业人才评价小组主要来源于企业的中高层领导。如涉及 360 度评价,对评价主体进行专业性和科学性的培训也是评价工作小组的重要环节,避免仅通过述职者的临场表现而做出片面的评价。此外,也要更加关注市场评价的作用,如果说政府评价、用人单位评价侧重于评价对象的道德、岗位胜任能力,市场主体在国有企业人才评价的职业能力部分具有独特的优势,目前市场中的第三方专业机构可以承接社会化职称评价、职业资格认定等工作,为国有企业的人才提供了基于行业发展的评价标准,加上第三方机构在标准制定、内容设计的过程中有效结合政府规制和行业规制,对人才的认证具有权威性和合法性,也体现了人才评价发展导向和应用导向。

(六)评价体系科学落地

1. 评价目的具体分析

首先,国有企业在选择人才评价工具时,需要根据不同的情境选择不同的人才评价工具组合。选拔性的人才评价分为两种,一种是面向空缺岗位的即时性外部招聘,一种是提前进行的储备性的内部高潜人才选拔。外部招聘强调对候选人岗位匹配性的评价,一般通过履历分析进行候选人的初步筛选,再通过专业笔试进一步缩小候选人范围,再通过2~3轮的面试进行最终的人选确定。整个流程应合理穿插,尽量紧凑安排,尤其是一些对候选人吸引力欠佳的岗位。干部储备强调对员工发展潜力的评价,由于是面向内部员工的选拔,对内部员工通常已经具备一定的了解,可以通过历史绩效数据进行初步的人员筛选。其次,需要重点关注候选人对企业文化和价值的认可。最后,可以通过组织无领导小组讨论,对员工的团队协作、危机应变、逻辑思维等管理潜质进行考察,最终确定干部储备名单。

2. 评价情境融合

情境是影响人才评价有效性的关键因素之一(吴新辉,2018),在具体的人才评价操作中采用真实的工作和任务情境,以便对人才的能力和工作表现进行准确评价,也对员工进入岗位后的表现有一定预期。传统评价技术如心理测验、评价中心技术或者无领导小组讨论等都具有一定的情境模拟特征,但仍与任职后的岗位存在较大的差异,互联网时代下,大数据、虚拟现实等技术在人才测评领域的应用,辅助提供非工作时间的行为数据,从而加强对员工的全方位考察。此外,人力资源实践者在评价情境融合指导思想下,也应该破除特定情境下人才能力与绩效关系的线性假定,需要更加了解具体工作任务情境、从岗位特征和现有员工表现中提炼分析整合情境因素的胜任力模型,如整合个体、团队和环境等多层面非线性的综合评价模型。

3. 评价成本权衡

企业在选择人才评价工具时,需要考虑各种评价工具的使用成本,评价方案筹备、评价工具开发适配、评价实施、评价结果的统计整理等都需巨大的时间和人力成本,线上测评工具的使用也有较高的费用成本。因此人才评价在实施的过程中可以对不同层级岗位的人才评价采用差异化的人才评价工具组合策略,将资源更多地投入关键岗位。

● 第六章　人才激励①

一、引言

激励是组织诱发个体产生满足某种需要的动机,进而引导个体行为与组织目标趋同的管理过程(周三多和陈绍业,2019)。人才激励可以理解为根据内外部环境变化,创造能满足人才需求的条件,从而激发人才的行为动机,使其能够达成组织预期的目标的一种管理过程。推进国有企业人才激励的完善是近年来学术界和企业界关注的共同焦点,王英君(2019)指出,激励作为人力资源管理体系中的一个关键部分,能够向人才传递企业的文化和价值导向,提高员工积极性,促进人才的行为方向与企业发展战略相一致,实现国有企业的可持续发展。国有企业在国民经济中扮演着重要的支柱角色,党的十八大以来,国有企业人才激励政策不断完善,激励措施更加科学公平,激励对象不断朝精细化方向完善,激励主体也更加多元,为人才发展提供了持续优化的环境。

尽管已经取得了一些进展,但国有企业人才激励仍然面临着严峻的挑战。例如,解利荣(2019)提到,国有企业人才激励还面临着激励体系缺失、制度设计不完善等问题。在薪酬体系方面,国有企业存在薪酬待遇吸引力弱、市场化程度低、薪酬结构失衡等问题(夏凡,2020;舒建,2019;周文斌,2023)。在激励措施方面,王英君(2019)在研究中指出,目前国有企业激励方法单一、激励措施选择存在盲目性、没有认识到人才的差异性。公丕明(2022)认为,在人才成长氛围方

---

① 本章部分内容发表于《中国人事科学》2024 年第 6 期。

面,政府干预过多,人才自主性不足,"大锅饭""平均主义"仍然是众多国有企业难以克服的弊病。因此,在新的历史时期,为进一步实现经济增长、提高企业竞争力、推动国家战略的实施,国有企业必须探索具有针对性、时代性的人才激励模式(王媛和任嘉卉,2023)。

当前学界在国有企业人才激励体系的作用机制、不足之处和完善方向上都取得了一定的研究进展,为新时代下国有企业实施科学的人才激励机制提供了理论支撑和方法借鉴。对于不同类型的人才,股权激励、成长激励、精神激励等不同的激励措施各有侧重,需要打好激励措施的组合拳(李春瑜,2023;王芳和田鹏颖,2022)。王媛和任嘉卉(2023)通过实证分析发现激励方式对于不同类型的科技人才行为具有异质性影响,进一步提出国有企业需要建设以需求为导向的差异化激励措施,建立同步激励机制,激发人才内生动力。除此之外,苏中兴和周梦非(2022)提到,在激励体系建立的过程中,现有研究也强调物质激励与精神激励相结合,发挥好荣誉表彰的作用,增强人才的自豪感和荣誉感,从而提高人才的生产力和创新能力。

综上所述,激励作为促使员工行为与组织目标协同的关键管理过程,不仅能提高国有企业的竞争力,还有助于推动国家战略和维护社会稳定。当前国有企业人才激励在不断完善的同时仍然面临着一系列挑战,为进一步推动国有企业的可持续发展,本章将对国有企业人才激励政策进行深入梳理,分析其现状及不足,提出相应的解决措施,以进一步推动国有企业人才激励的发展。

二、政策及文件分析

改革开放以来,保证工资总额可控,克服"平均主义"不足,促进员工工资与经济效益挂钩,成为国有企业工资分配制度改革的重点。1985年《国务院关于国营企业工资改革问题的通知》明确提到工资总额与经济效益挂钩,微观工资分配自主权下放,促进了国有企业工资分配的市场化进程。经过多年的实践探索,"劳动、人事、分配"三项制度改革于2001年被正式提出。国有企业总体上已经建立起了与社会主义市场经济相匹配的收入分配体系。2010年《中央企业工资总额预算管理暂行办法》出台,国企改革1+N政策体系完成了顶层设计,在各项改革议程中,薪酬管理相关政策得到了国家层面的高度重视。2018年

《国务院关于改革国有企业工资决定机制的意见》明确了国有企业经济效益和劳动生产率挂钩的工资决定机制和正常增长机制,对工资总额预算方案作出了更为详细的指导。2021 年至 2023 年,陆续颁布了《技能人才薪酬分配指引》《国有企业科技人才薪酬分配指引》《国有企业内部薪酬分配指引》等文件。2022 年的《关于完善科技激励机制的意见》首次从中央层面针对科技激励工作进行专项部署,提出要建设物质与精神并举的科技创新激励机制。这些举措标志着国有企业在人才激励方面的制度迭代和改革方向的日益明晰。当前国有企业也正在积极探索适应市场经济和人才发展规律的激励模式,致力于打造更具活力和创新力的企业,为中国特色社会主义的建设和发展作出积极贡献。

　　除了薪酬改革以外,国有企业也不断推进人才管理各方面制度的完善与创新,致力于全方面、多层次、差异化地促进各类人才主体激励。从各项差异化激励政策的侧重点来看,当前薪酬福利类政策强调对人才物质待遇的改善和提升,表彰类政策强调人才的精神激励和认同感,评价类政策强调对人才绩效考核的重视和考核结果的运用,创新类政策强调为人才松绑,营造良好的环境,发展类政策强调对人才的培养。各类政策侧重点不一,针对性更强,提高了国有企业人才激励的有效性。国有企业代表性的人才激励相关政策文件见表 6.1,其中股权激励是人才激励政策的重中之重,见表 6.2。

表 6.1　国有企业代表性的人才激励相关政策文件

时　　间	发文机关	政策文件
1985 年 1 月	国务院	《国务院关于国营企业工资改革问题的通知》
2004 年 6 月	国务院国资委	《中央企业负责人薪酬管理暂行办法实施细则》
2009 年 9 月	人力资源和社会保障部等	《关于进一步规范中央企业负责人薪酬管理的指导意见》
2015 年 8 月	中共中央、国务院	《关于深化国有企业改革的指导意见》
2018 年 3 月	中共中央办公厅、国务院办公厅	《关于提高技术工人待遇的意见》
2018 年 5 月	国务院	《关于改革国有企业工资决定机制的意见》
2018 年 5 月	国务院	《国务院关于改革国有企业工资决定机制的意见》
2018 年 12 月	国务院国资委	《中央企业工资总额管理办法》
2019 年 4 月	国务院国资委	《中央企业负责人经营业绩考核办法》

续上表

时　间	发文机关	政策文件
2021 年 1 月	人力资源和社会保障部	《技能人才薪酬分配指引》
2022 年 8 月	人力资源和社会保障部	《国有企业工资内外收入监督管理规定》
2022 年 11 月	人力资源和社会保障部	《国有企业科技人才薪酬分配指引》
2023 年 2 月	人力资源和社会保障部、财政部	《关于做好国有企业津贴补贴和福利管理工作的通知》
2023 年 5 月	人力资源和社会保障部	《国有企业内部薪酬分配指引》

表 6.2　国有企业股权激励相关政策文件

企业类型	时　　间	发文机关	政策文件
国有控股混合所有制企业	2008 年 9 月	国务院国资委	《关于规范国有企业职工持股、投资的意见》
	2015 年 9 月	国务院	《国务院关于国有企业发展混合所有制经济的意见》
	2016 年 8 月	国家发展改革委	《关于国有控股混合所有制企业开展员工持股试点的意见》
国有科技型企业	2016 年 2 月	财政部、科技部、国务院国资委	《国有科技型企业股权和分红激励暂行办法》
	2016 年 10 月	国务院国资委	《关于做好中央科技型企业股权和分红激励工作的通知》
	2018 年 9 月	财政部、科技部、国务院国资委	《关于扩大国有科技型企业股权和分红激励暂行办法实施范围等有关事项的通知》
中央企业	2016 年 11 月	国务院国资委	《关于做好中央科技型企业股权和分红激励工作的通知》
	2019 年 10 月	国务院国资委	《中央企业混合所有制改革操作指引》
	2019 年 11 月	国务院国资委	《关于进一步做好中央企业控股上市公司股权激励工作有关事项的通知》
国有控股上市公司	2006 年 9 月	国务院国资委、财政部	《国有控股上市公司(境内)实施股权激励试行办法》
	2006 年 12 月	国务院国资委、财政部	《国有控股上市公司(境外)实施股权激励试行办法》
	2008 年 12 月	国务院国资委、财政部	《关于规范国有控股上市公司实施股权激励制度有关问题的通知》

续上表

企业类型	时　间	发文机关	政策文件
商业一类"双百企业""科改示范企业"	2019 年 8 月	国务院国有企业改革领导小组办公室	《关于支持鼓励"双百企业"进一步加大改革创新力度有关事项的通知》
	2019 年 12 月	国务院国有企业改革领导小组办公室	《关于印发〈百户科技型企业深化市场化改革提升自主创新能力专项行动方案〉的通知》
	2021 年 1 月	国务院国有企业改革领导小组办公室	《"双百企业"和"科改示范企业"超额利润分享机制操作指引》

三、国有企业人才激励现状分析

当前企业面临着全球经济下行、发展不确定性增加、市场疲软等挑战,在这一背景下,人才的作用尤为凸显。近年来党中央从国家战略的高度重视人才的发展,对各类人才的激励也进行了系统性的顶层设计。国有企业人才激励政策不断更新完善,激励方向多元化逐渐凸显,受众更为全面,激励力度也明显增大。一批先进国有企业建立了多元化、系统性的激励体系,推出丰富的中长期激励"政策包",充分调动人才的工作热情。例如,中国城乡参股公司碧水源有机结合强激励和硬约束,制定近三年业绩指标,推行骨干员工持股,极大激发企业的内生动力。中国航天科技集团 2021 年投入研发经费 426 亿元,针对科学技术人才出台一系列激励政策和荣誉奖项,每年投入专项奖励资金 2 000 万元,最高额度达 100 万元/人。在股权激励方面专门制定和实施了"四个 15%""两个五年"激励政策,充分用好科技成果转化股权和分红激励与专项奖励政策。据统计,截至 2022 年,中央企业和地方已开展中长期激励的子企业分别为 4 487 家和 2 659 家,占具备开展中长期激励条件的各级子企业的比例分别为 87.4% 和 81.6%,激励人数分别为 29.71 万人和 14.37 万人。经过不懈努力,一系列激励举措和重点工作成效凸显,一大批优秀人才也脱颖而出,促进了国企改革进入良性循环。

相较于民营企业,国有企业在国民经济中扮演着更加重要的角色,在体制机制上也面临着更加艰巨的挑战。目前国有企业人才激励在薪资待遇、精神人文、培训提升、工作环境等方面仍然存在不足之处,影响着国有企业的健康持续发展。

(一)工资总额管理方法有待改善,薪酬水平竞争性不足

国有企业工资总额管理是指按照国家法定工资收入相关政策,在国务院国资委宏观收入分配框架内,结合企业自身发展战略、经营效益、劳动生产率、市场工资水平等进行工资总额预算的管理工作。当前国有企业工资总额管理的相关政策强调突出行业和企业特点、兼顾效率和公平,但在实践中,国有企业工资总额管理仍然存在许多不合理的地方。李琪(2022)指出,大部分国有企业采用一级核算的财务管理的方式,容易进行套用和复制,存在形式主义的问题。这种方式脱离企业实际情况的需要,容易引发国有企业的收支失衡。王一农(2014)发现,多数国有企业工资总额管理仍然较为粗放,管理尚未深入企业内部,企业高层副职分配未拉开差距。部分国有企业在工资总额管理的执行过程以社会平均工资水平作为参照依据,忽略了不同行业的竞争激烈程度和人力资源结构的差异,导致工资总额管控市场化不足,难以吸引到人才(刘国栋,2017)。

在薪酬水平方面,工资总额的限制可能导致很多国有企业在提供竞争性薪酬方面受限,难以根据市场情况灵活调整工资水平,导致企业在吸引和保留顶尖人才方面处于不利地位。同时工资总额的限定可能影响到企业实施绩效相关的薪酬激励机制。为了控制工资总额,企业可能不得不压缩绩效奖金或者延长晋升周期,挫伤人才的工作积极性和创新意愿。虽然国有企业实行了政企分离,但魏文娟(2022)研究发现,在实际执行过程中,有时候政府仍然可以通过工资外包等方式干预国有企业的薪酬管理体系,导致国有企业与市场上其他性质的企业相比薪酬水平较低,难以吸引到优秀的人才。据2022年分登记注册类型分岗位就业人员年平均工资统计,国有企业规模以上企业就业人员年平均工资水平为115 149元,低于外商投资和港澳台商投资类企业,见表6.3。在人才聚集的中层及以上管理人员和专业技术人员部分,国有企业的年平均工资水平均排在靠后位置,落后于市场其他类型企业的薪资水平。相比之下,私营企业等通常具有更大的灵活性,可以根据市场需求和竞争情况来决定薪资水平,从而更好地吸

引和留住高素质人才。

表 6.3　2022 年分登记注册类型分岗位就业人员年平均工资（单位:元）

登记注册类型	规模以上企业就业人员	中层及以上管理人员	专业技术人员	办事人员和有关人员	社会生产服务和生活服务人员	生产制造及有关人员
合计	92 492	189 076	133 264	85 881	70 234	71 147
国有	115 149	239 338	148 287	107 646	80 434	93 962
集体	59 243	112 955	69 823	56 315	51 479	52 858
有限责任公司	98 435	206 961	140 057	86 700	73 383	76 716
股份有限公司	114 718	265 630	150 796	105 793	86 526	85 871
私营	71 775	127 537	94 304	66 842	55 036	61 646
港澳台商投资	121 930	308 957	216 165	130 019	98 242	74 656
外商投资	134 438	379 651	205 114	142 722	99 116	84 492
其他	86 364	159 045	100 730	71 984	61 990	60 368

（数据来源:国家统计局）

(二)薪酬结构不合理,市场化薪酬机制改革尚不充分

受 20 世纪 90 年代末薪酬制度改革的影响,大部分国有企业基本的薪酬体系主要由岗位工资构成,职务大小与职位高低对员工工资具有决定性影响。工资、奖金等货币激励手段与绩效挂钩不密切,导致人才工资拉不开差距,挫伤了人才的工作热情与工作积极性(王维霞,2023)。不仅如此,受传统"平均主义"和"大锅饭"思潮的影响,部分国有企业在薪酬设计的过程中常常有意识地避免"差距",错误地认为薪酬和奖金的差距会带来内部矛盾,从而导致优秀人才缺乏努力工作的动力,后进员工不思进取,难以形成良好的发展环境。

尽管国企三项制度改革在分配机制上强调员工收入的可变性和灵活性,但目前国有企业各项改革措施仍然落实得不够充分,对政策认识不到位,影响了人才激励的效果。例如,部分国有企业片面理解"同工同酬"的内涵,认为"同工同酬"就是要求员工的工资保持同一水平,从而造成了新的"平均主义"。除此之外,尽管大部分国有企业已经建立起了绩效工资体系,但仍然有许多国有企业并没有将绩效考核结果与薪酬挂钩,甚至更倾向于采用传统的薪酬结构,基于员工

的工作年限和职位级别来决定薪资水平,忽视了人才的绩效和实际的贡献。在这种情况下,人才可能认为无论他们的工作表现如何,薪资水平都不会有显著变化,在工作中缺乏改进的动力。在薪酬构成方面,目前国有企业薪酬定位偏向保障功能,过分强调工作环境、固定工资等较为稳定要素,对员工的潜在激励重视程度较低。人才所得到的激励主要来自稳定的工资,与绩效挂钩的薪酬和非物质性激励占比较小(陈腾,2011)。从双因素理论出发,固定工资虽然减少了人才对工作的不满,但难以真正激发人才的工作激情。不仅如此,由于国有企业在历史上为了保障员工的福利和稳定性,设置了较高的基本工资和奖金以确保员工的生活质量,导致国有企业薪酬结构中可变部分占比相对较小。调查显示,仍有部分国有企业职工固定工资占比超过80%,从而导致通用岗位(如行政、后勤等)的薪酬整体偏高,而科学技术人员的薪酬往往低于市场水平。通用岗位薪酬偏高增加了企业的成本负担,影响了企业的盈利能力和市场竞争力,而科技人员薪酬偏低可能导致技术人才流失和创新活力受挫,进而影响企业的科技创新和发展前景(唐长福,2015)。

(三)人才激励与企业发展目标和实际现状脱钩,激励存在盲目性

人才激励措施的选择直接影响着国有企业的经营效益,不同的国有企业有不同的发展目标,处于不同的发展阶段,需要结合自身需要调整激励策略,而非过度同一化。目前大部分国有企业的人才激励措施缺乏整体和全局的设计,存在相互脱节的弊病。有研究显示,在激励措施的选择上,苏少青(2019)认为,许多国有企业并没有充分结合企业战略和组织发展的需要,一味地照搬其他企业的策略,导致关键资源并没有针对性地向特定人才倾斜。不仅如此,国有企业内部一些部门激励措施的制定只是为了完成人力资源部门下发的任务,各项指标的确定也缺乏科学依据,相关措施不仅缺乏激励效果,甚至激发了企业内部矛盾,背离了企业创新与长久发展的需要。例如,唐长福(2015)提到,部分国有企业只是迫于压力而制定了新的薪酬福利制度和激励措施,没有考虑企业内部的实际情况,导致旧的政策已经被取缔,但新的激励措施对于人才而言缺乏说服力。同时研究指出,国有企业在激励措施的选择上重手段、轻目的的问题,最终导致人才激励流于形式,激励效果较为有限(赵公民和李欣,2008)。

（四）人才激励方式单一，重物质、轻精神

有些国有企业对于人才的物质激励缺乏全面客观的认知。一方面，部分国有企业管理者容易将物质激励视为"贪污腐败"的信号，认为追求物质激励就是党性不足的标志，导致很多管理者和人才都避讳提及"物质利益"相关的话题，人才的物质激励水平一直难以提高（夏凡，2020）。另一方面，部分国有企业将物质激励视为人才发展的"万金油"，认为金钱可以解决人才的一切需求问题，忽视了多种激励方式的有效组合。陈安然（2014）的研究显示，员工需求的侧重点各不相同，管理者不仅要满足员工的物质需求还要满足其对于自身发展、尊严和成就的精神需求。徐建（2013）调查发现，整体而言，目前有些国有企业激励方式仍然较为单一，显示出重物质、轻精神的特征。在精神激励方面，各项荣誉激励甚至出现过度利益化的倾向，部分奖项成为衡量政绩的因素，导致人才急功近利的行为，偏离了激励的初衷。在其他激励方式的运用上，现有案例中只有较少的国有企业开始注重全面激励战略的作用，目前的激励措施仍然难以充分满足人才自身的发展和成就需要。例如，在晋升机制方面，一些国有企业仍然存在"论资排辈"的现象，过于重视职级和工作年限，忽视了员工的实际能力和贡献。即便人才在技术、管理、创新等方面取得了显著成就，但由于职务晋升受限制，才华也无处施展，容易造成优秀人才流失（舒建，2019）。人才培训和职业发展上，投入不足，缺乏长期规划和发展路径单一的问题也是国有企业的常见问题，导致人才职业发展受限，缺乏前进的动力和目标感。以上情况都可能导致人才对国有企业的归属感降低，对企业的持续发展产生疑虑。

（五）中长期激励不足，股权激励实施并不充分

2006 年以来，国有企业相关的股权激励政策陆续推出，有越来越多的国有企业引入了股权激励措施。但肖婷婷（2016）指出，近年来股票期权制度在国有企业的热度逐渐消减，甚至陷入了停滞的状态。一方面由于政府审批难度增加，另一方面，国有企业的股权激励的方式、周期等都受到了严格的限制，每期股权激励计划的制订也需要经过层层审批和多次沟通，导致目前国有企业实施股权激励的形式较为单一。数据显示 2022 年 A 股上市公司共有 762 家公告股权激励计划，国有控股上市公司共公告了 68 个股权激励方案，仅占比 8.92%，在数量

上也有所降低。目前国有控股上市公司对激励措施的选择也相对单一,仍以限制性股票尤其是第一类限制性股票为主要选择。据调查,新披露的 25 例激励计划,激励标的物 2 例为期权、1 例为第二类限制性股票、22 例为第一类限制性股票。可以看出目前国有控股上市公司对激励措施的选择也相对单一,仍以限制性股票尤其是第一类限制性股票为主要选择。

　　人才对政策认知不足、实施过程中限制较多、管理层积极性弱等问题也阻碍着国有企业股权激励政策的推进(苗馨丹,2022)。具体而言,由于国有企业股权激励存在回报周期长、流动性不足、风险较高等问题,导致很多情况下员工只是被动接受企业的股权激励政策,将股权激励视为一种和企业身份绑定的"卖身契",参与感和激励的体验感都较差。此外,国有企业通常在股权激励落地过程中未充分说明其作用和设置的目的,导致人才认为股权激励只是简单的物质激励或者员工福利,并没有意识到自己成为企业的股东之一,对企业的经营管理并不关心。股权激励通常是基于人才的历史贡献来进行发放,由于缺乏追责追薪机制,对后进入企业的员工激励效果有限,容易引发人才内部的不满。就政策本身而言,持股的对象和持股比例受到了严格的限制,例如现有的《国有科技型企业股权和分红激励暂行办法》要求"小、微企业的股权激励总额不超过企业总股本的 30% ,国有大、中型企业中员工权激励持股比重最高为 5% 和 10% ",对人才的持股数量进行了严格的规定,导致人才到手的收益也比较有限,进一步削弱了股权激励的效果。一方面人才持股比例分配较少;另一方面由于现有的股权激励都有明确的锁定期,导致持股人才退出通道不足,加剧了股权激励的普及难度。

　　对于管理层而言,股权激励还面临着激励对象难以确定的问题。目前的政策中对于激励对象的限定往往都是"关键岗位""重要技术人才""较大影响"这一类术语,使得在实操过程中给谁股权、发放多少、如何操作等技术问题成为新的难题,管理层对人才给出具有说服力的答案也成为新的挑战。不仅如此,股权激励是一种市场化程度较高的激励机制,需要公司进行股权结构设计、资金和人员规划、财务审计等配套措施的完善。由于国有企业内部人才控制及激励机制与约束机制不对称,法人治理结构还有待完善,企业中还存在所有者缺位的问题(何周丽,2018),股权激励实施还缺乏稳定的实施环境。

四、政策建议

(一)建立科学公平的薪酬管理制度

《关于深化国有企业改革的指导意见》提出,实行与社会主义市场经济相适应的企业薪酬分配制度,是完善现代企业制度的一项重要内容。薪酬作为物质激励的主要组成部分,是人才最能直接感受到的激励方式,也是劳动力市场上吸引和保留人才的关键要素。国有企业要达到对人才的有效激励,首先,要做好工资总额管理。要充分研究相关部门的政策和规定,做到工资总额与经营业绩和企业发展效益挂钩,并结合行业水平进行对标和调整。对于部分群体和项目,要结合实际适当增加单列工资范围,如企业领导人、职业经理人、项目奖励等可以脱离工资总额限制,实行协议工资,由企业参照劳动力市场价位协商确定据实核增单列,从而更好地激发高管活力、建立起科学的职业经理人制度,调动员工的积极性。对于战略性新兴行业、科技型企业、公益性企业用好工资单列政策,参照劳动力市场价格自行决定工资发放水平。例如,在进行工资总额制定时,对于战略性新兴行业,面临"卡脖子"等挑战,如果只按照商业竞争企业的传统模式进行工资总额设置,可能会给薪酬预算带来压力。因此在总额管理过程中不应按照单一的经济效益进行指标设立,在初期可以适度降低对利润的要求,加大对新项目成果、研发投入的支持,实现薪酬资源的定向倾斜。对于一些成熟类的国有企业,则应该更加关注国有资产的保值增值以及社会效益的提升,提高人工成本投入,保障工资总额的差异化设置,做到与效益挂钩联动,维护公平统一。

建立健全与劳动力市场基本适应、以岗位价值为基础、以绩效贡献为依据的薪酬管理制度,在经济效益增长和劳动生产率提高的同时实现职工报酬同步增长,提高人才在企业共建共享发展中的获得感。具体而言,推进薪酬体系改革可以从横向调结构、纵向拉差距两方面出发。在横向调结构方面,要精减工资项目,建立岗位绩效工资制度,强化全员绩效考核,增加中长期激励的分配比例,实现以岗定薪、以业绩定薪,从而打通人才的工资增长通道。要兼顾好不同序列的工资水平,按照不同的职位序列设置差异化的薪资结构,引入向关键岗位人才倾斜的分配制度。例如,《关于提高技术工人待遇的意见》指出,"国有企业工资总额分配要向高技能人才倾斜,高技能人才人均工资增幅应不低于本单位管理人员人均工资增幅",国有企业在薪酬结构完善过程中,可以设置与业绩水平挂钩的薪酬调节系数,带动各部门提高经营效率,提高关键人才的薪酬水平。通过横向薪酬结构的调整,使得一线经营单元的薪酬水平领先于总部机关,激发人才流向一线业务的意愿。

在纵向拉差距方面,要促进国有企业薪资水平的市场化进程,体现相对公平性和个体差异性。在薪酬管理制度的建立健全过程中,务必要兼顾外部竞争性和内部公平性,既要进行充分的市场薪酬水平调查,了解劳动力市场上行业人才的薪酬水平,又要在内部不同岗位和职级员工之间,甚至是岗位内部之间拉开合理的薪酬差距。可以建立职级薪酬制度,并在此基础上确定好薪档、薪酬升降规则等,解决好薪酬能升能降的问题,引导人才通过自身努力获得更高的薪酬,拒绝新的"平均主义"的产生。在制定薪酬策略后,要注意和员工解释薪酬的计算方式、增减规则等,减少员工的疑虑。还要注意对薪酬管理制度定期进行评估与调整,不仅要对人才予以反馈,在制度层面还要随着组织和企业发展的需要不断更新,从而保证其科学性和竞争力。

(二)做好因才施策,依据人才的差异性采取不同的激励措施

国有企业只有转变思维模式,建立起具有国有企业自身特色且与时代发展相适应的差异化体系,才能吸引、留住和充分发挥各类人才的潜力(王家福,2007)。王媛和任嘉卉(2023)实证研究发现,不同的激励方式对国有企业不同类型人才的创新行为影响具有异质性,提出以需求为导向,建立多样化的分类激励措施是国有企业激发内生动力的关键。因此,国有企业要从人才的需求出发,打好各种激励措施的"组合拳",综合运用薪酬福利、荣誉表彰、培训发展、沟通参与等各项激励手段,确保人才激励的措施持续有效。首先,国有企业需要为关键人才和岗位制定差异化的薪酬体系,根据其贡献、技能和经验进行薪酬分级,设置专项奖金、股票期权等,将内部资源向关键人才倾斜,确保高绩效员工能够获得更高的奖金和薪酬涨幅。例如,对于科技人才,要加大对项目经费的投入,鼓励前瞻性和基础性的研究,需要保护科技成果的产权,明确其科技成果转化机制。还可以引入分红激励、股权激励、科技成果转化入股等措施,实现对科技人才的长期激励(苏中兴和周梦非,2022)。还可以引入"揭榜挂帅"机制,减少工作中的繁文缛节、条条框框,减轻人才工作中的压力,破除科研圈子中的论资排辈现象。明确揭榜者责任,强化考核,让真正有能力、能干事的人才脱颖而出。青年人才往往更重视自身技能的培养与职业的发展,国有企业可以为他们提供职业发展规划,包括制定清晰的晋升路径,进行名师带徒计划等,鼓励他们不断进行自我提升。在物质方面为他们提供首套房贷款支持、租房货币补贴等支持,解决好青年人才就业初期的经济挑战。通过采取这些综合性的措施,国有企业可以根据员工的需要提供个性化的激励,从而更好地留住人才并实现组织的长期目标。

(三)完善股权激励制度,注重人才中长期激励

优秀人才持股是国有企业市场化进程中的一大进步之处,有利于补充工资总额受限带来的不足之处,激发优秀人才的工作积极性和创造性,促进人才和企业的双赢(肖婷婷,2016)。国有企业在完善人才股权激励的过程中,可以建立员工持股的管理机构,严格按照《中华人民共和国公司法》和国有企业股权激励相关政策落实工作安排。机构人员要充分了解政策规定,及时进行培训,提高专业程度,履行好监督和管理的权利。此外,国有企业需要根据自身的发展需求和企业的经营效果科学调节持股比例和适宜的股权激励方式,在确定过程中要充分考量企业目前的经营状况和发展需求,实现因企施策和因业施策,促进股权激励的实施方式多样化。为加强股权激励的动态调整,建议国有企业统筹考虑多期的股权激励计划,并在每期执行过程中不断总结与调整。

在实施股权激励时,务必要遵循国家相关制度和政策的安排,做到程序公开透明,杜绝相关利益者的操控,保障好人才的知情权、参与权和监督权,充分向人才说明股权激励的价值和作用,真正地发挥出股权激励的独特作用。从实际操作的角度来看,石慧珺(2014)指出国有企业实施股权激励要遵循好"六定的步骤":定模式、定对象、定数量、定价格、定期限、定限制。有效识别需要进行股权激励的人才,依照国有企业未来的发展趋势对人才进行评估,按照国务院国资委和证监会的各项标准科学确定股权激励的水平,从而促进股权激励制度的有序落实。最后国有企业还要进一步推进中国特色社会主义现代企业的建立和完

善,加强党组织和董事会的建设,明晰各个责任主体的权利与义务,加大对国有资产的监管,从而为股权激励的实施营造良好的企业环境。

除了股权激励之外,国有企业还需要探索多种中长期激励方式。例如,对重要科研成果和关键项目实施收益分红,从项目转化收益中按照一定比例奖励项目人员。建立超额利润分享激励,将年度超额利润的一部分用于激励关键人才,激发内部的创效潜力。国有企业要以有效的中长期激励提升企业内外经营能力与内生动力,避免出现"只拿个人当期收益、不顾企业长期利益"的问题,打造人才和企业发展的共同体。

（四）引入全面薪酬战略,注重物质激励和非物质激励的有机结合

物质激励往往只能满足员工的基本需求,而非物质激励更侧重于满足人才的个人成长、职业发展、被认可和尊重需求,有利于提升人才的工作热情和创新意识。具体而言,在直接经济性薪酬方面,国有企业应当建立合理的薪酬体系,包括基本工资、绩效奖金、津贴等,满足人才最基本的需求。间接经济性薪酬,如社会救助、医疗费用、福利计划等能够较好地吸引知识型人才和中等薪酬水平的人才,国有企业可以继续保持自身在这一方面的优势,减少人才流失的风险。

在非物质激励方面,国有企业可以采用全面薪酬战略,引入包括培训机会、员工参与、工作环境、职业规划、工作生活平衡等非经济性报酬(赵曙明,2002),改善人才的内在体验,提高人才的忠诚度和满意度。全面薪酬更加以人才为导向,不仅兼顾传统薪酬体系的补偿与激励效果,还能够综合人才和组织发展的战略需求,具有全面性、灵活性和沟通性(丁明智等,2013)。具体而言,为打破人才的"官本位"思维以及"千军万马挤独木桥"的现象,国有企业要设立明确的晋升通道和职业发展规划,帮助人才进行科学的自我评估和定位,让人才发展有方向、晋升有通道。国有企业还要发挥协同效应,打通各类人才定期交流和职业转换的通道,促进"双向进入、交叉任职",减少人才的职业倦怠,稳定人才队伍,激励人才在工作中持续努力,提高自身业务水平和领导能力。文跃然和周欢(2015)认为,为使人才能够适应多变的市场环境,拓宽自身技能和晋升空间,国有企业还可以加强专项资金投入,提供丰富多彩的培训课程,提升人才的职业技能和知识水平,促进人才和企业的共同发展。

对人才的奖励与认可同样是全面激励的重要环节。《关于加强新时代高技能人才队伍建设的意见》提出,"加大高技能人才表彰奖励力度""国家级荣誉适当向高技能人才倾斜",国有企业应当鼓励人才创新,设立奖励制度,鼓励人才提出创新性的意见和建议,提升对人才的包容性。对于突出性的成果,可以授以奖状、表彰信、荣誉称号等,满足人才的自我实现需要。在新时代发展下,国有企业还要重视人才的工作生活平衡等方面的人文关怀,尤其针对新生代人才,他们思维较为活跃,更加关注工作中的体验感、认可感和成就感。因此,国有企业要与时俱进,通过设立工作班车、家庭日、健康体检计划等,关心人才的生活和健康,进一步满足人才的切身需求。通过全面薪酬,国有企业能够建立更加完善的激励机制,引导人才的行为和决策与企业的愿景和使命相一致。

(五)树立科学的人才观念,意识到人才的特殊性

国有企业在人才观念方面尚存在认识不足的问题,这种认识的滞后,直接影响了企业的发展和竞争力。要实现高质量、可持续的发展,关键在于树立正确的人才观念,认识到人才是特殊的、不可替代的战略资源。人才不仅是简单的劳动力,更是具有创新、智慧和领导力的重要因素。国有企业应树立人才意识,意识到人才是企业发展的核心竞争力。企业应该加强人才引进、培养、使用和留住的工作,建立健全人才管理制度和激励机制,为人才提供良好的成长空间和发展机会。只有充分激发人才的创造力和积极性,才能推动企业不断创新,保持竞争优势。国有企业要加强人才理念的转变和教育,企业应通过内外部培训、研讨会和专业课程等方式,向企业员工普及现代人才观念,强调人才的战略价值和创新能力,引导员工转变传统的劳动力观念,提升对人才特殊性的认知。最后,国有企业应明确人才的战略地位,将人才视为企业发展的战略资源,赋予其战略决策的权力和责任。要加强人才队伍的建设,注重人才的多元化和专业化发展,建立起充满活力、富有创意的人才队伍,为企业的高质量发展提供有力保障。只有充分认识和发挥人才的作用,国有企业才能实现可持续发展,不断壮大。

第二部分

三大基础体系

● 第七章　岗位管理

一、引言

国有企业覆盖面广、影响力大,在国民经济中居于主导地位,在民生福祉、国家形象和国家安全中起着重要作用。如何对国企进行有效管理是全社会关注的热点话题,其中岗位管理是国企管理的基础工作,是实现组织和企业发展目标的关键载体,对于国有企业人力资源管理和内部平稳运行起到支撑作用。国有企业岗位管理是指通过岗位设计对岗位进行分级分类,依据岗位分析来明晰企业内部不同岗位的任职资格、工作内容和汇报对象,并依靠岗位评价搭建起完整的岗位层级体系的过程。岗位管理是一个系统工程,包括岗位设置、定岗定编,工作分析、岗位评价、部门分工等(何献华等,2023)。岗位管理是人才工作的基础,是实现组织和企业发展目标的关键载体,对于人才管理甚至是国有企业内部的平稳运行起到了关键的支撑作用。

岗位设置决定着企业组织结构的形态,进而影响到国有企业是否适应市场竞争,实现组织目标。组织结构是部门分工、企业授权、职能跨度等多种管理决策的产物(吴锋和刘文煌,1998)。岗位设置明确了每个岗位的职责、权限和任务,从而构成了企业内部部门划分和层级关系,形成了企业的组织结构。因此,优化岗位设置也能调整国有企业组织结构,更好地划分各个部门和岗位的职责和权限,避免职责交叉或漏洞,提高工作效率。

除此之外,有效的岗位管理奠定了人力资源规划以及后续的招聘工作的基础(刘霞,2006),也是后续促进国有企业实现可持续发展的关键。具体而言,岗位设置首先指明了各个岗位上员工的权利、责任、汇报对象和管理对象,带动人才根据自己的专业领域和能力发挥最大价值,实现资源优化配置。许志强和柴燕(2006)指出,精细化的岗位管理能够促进国有企业合理分配人力、物力、财力等资源,提高资源的利用效率,进而影响到整个组织的运行效果。其次,岗位设置关系到国有企业每年的用人规划,也直接影响到每个员工的晋升路径与职业生涯发展。通过清晰的岗位规划和晋升通道,人才能够感受到组织内部的发展空间和成长路径。通过对岗位内容的分析,国有企业可以明确岗位的工作职责以及所需要的人才素质,不仅能够确定好科学的绩效考核指标,实行有效的绩效管理(吴旭,2017),还能够更精准地制定人才培训的策略,从而提高人才的工作质量。最后,通过清晰的岗位职责和权限,国有企业可以更好地控制风险,避免因为职责不明确而导致的失误。因此,对岗位的有效管理能够为国有企业制订清晰的人力资源计划提供参考,招聘并精准配置和利用好人才,从而实现组织和人才的共同发展。

当前国有企业在岗位管理的过程中仍然有许多亟待完善的地方。例如,孙雅坤(2023)提到,国有企业岗位管理整体上都受到编制核定的严格限制,岗位数量和结构的变动都需要按照较为严格的流程进行,缺乏灵活性和先进性。在岗位设置上,万宏(2005)提到国有企业仍然面临着定岗定编原则不清晰、岗位结构僵化、部门设置臃肿,导致职责交叉重叠、企业管理效率低下的问题。不仅如此,岗位评价的过程中也仍然呈现出岗位价值评估趋同化,难以真实体现岗位价值的弊病。目前国有企业岗位晋升通道狭窄,难以打破"大锅饭""铁饭碗"的思想,不利于人才的充分竞争,抑制了国有企业人才的发展活力,难以满足经济社会发展的需要。因此,深入探究国有企业岗位管理的现状及不足之处,借鉴优秀企业的经验,探究行之有效的企业管理体系是实现国有企业有效的人才管理和提升组织效能的关键。

二、国有企业岗位管理政策及文件分析

2001年,旨在深化三项制度改革的《关于深化国有企业内部人事、劳动、分配制度改革的意见》提出,"调整企业组织机构,改革不适应市场竞争需要的企业组织体系与管理流程""科学设置职工工作岗位,测定岗位工作量""加

强以岗位管理为核心的内部劳动管理""建立以岗位工资为主的基本工资制度,明确规定岗位职责和技能要求,实行以岗定薪、岗变薪变",体现了岗位管理对于管理人员"能上能下"、职工"能进能出"、收入"能增能减"的重要作用。2016 年《关于深化职称制度改革的意见》提到"以职业属性和岗位需求为基础,分系列修订职称评价标准",突出了岗位和职称对人才能力素质评价的重要性。2018 年《关于分类推进人才评价机制改革的指导意见》指出"以职业属性和岗位要求为基础,健全科学的人才分类评价体系",体现出岗位要求能够为科学进行人才评价提供依据,是完善人才评价体系的关键部分。2022 年《国有企业科技人才薪酬分配指引》提出"岗位评价和职级评定为科技人才薪酬体系的基础",直接指出岗位管理对于人才薪酬体系建立和完善的基础性作用。同时文件第三章将岗位管理作为独立章节,直接对国有企业科技人才的岗位序列、岗位价值评估等工作进行详细规定。2023 年《国有企业内部薪酬分配指引》同样也设置了专门针对岗位管理的章节,要求国有企业"按照精简高效、权责分明、管理科学的原则,优化企业内部组织机构设置",并进一步对岗位序列划分、岗位说明书编写、岗位评估和职位体系构建等环节进行详细规定,为岗位管理提供了更加系统化的指引。

在组织结构方面,国有企业组织结构的合规性以及各部门的职责划分是近几年国资委工作的重点。2015 年,针对企业管理混乱,内部人控制、利益输送等问题,中共中央、国务院发布《关于深化国有企业改革的指导意见》对国有企业治理结构和人员管理制度做出了基本规定。2016 年 7 月,国务院办公厅印发《关于推动中央企业结构调整与重组的指导意见》,提出加快推进企业内部资源整合,压缩管理层级,对组织结构进行调整,拉开了国企开展组织结构调整的序幕。2018 年 11 月,《关于印发〈中央企业合规管理指引(试行)〉的通知》推动了国有企业合规管理体系建设的进程。2022 年 8 月,《中央企业合规管理办法》正式发布,明确对国有企业在组织架构和制度建设方面进行规范,标志着国有企业组织结构优化及管理体系规范化建设进入新阶段。近年来,党中央对岗位管理的重视程度逐渐提高,相关篇幅进一步增加。从这些政策的发展可以看到,国企管理部门对岗位管理日益重视,岗位管理的优化和完善有了非常充分的政策基础。

表7.1 国有企业岗位管理相关政策文件

出台时间	部 门	名 称	主 题
2001年3月	国家经贸委、人事部、劳动和社会保障部	《关于深化国有企业内部人事、劳动、分配制度改革的意见》	调整企业组织机构,优化劳动组织结构,加强岗位管理
2016年6月	国务院国资委	《关于进一步深化中央企业劳动用工和收入分配制度改革的指导意见》	健全管理人员岗位体系,为管理人员能上能下搭建平台
2017年1月	中共中央办公厅、国务院办公厅	《关于深化职称制度改革的意见》	完善职称系列,健全层级设置,促进职称制度与职业资格制度有效衔接
2018年2月	中共中央办公厅、国务院办公厅	《关于分类推进人才评价机制改革的指导意见》	以岗位要求为基础实行分类评价
2022年11月	人力资源和社会保障部	《国有企业科技人才薪酬分配指引》	岗位分析,岗位价值评估,岗位序列拆分,职级评定
2023年5月	人力资源和社会保障部	《国有企业内部薪酬分配指引》	优化组织机构设置,明确部门职责,企业总部"去机关化",科学划分岗位序列,岗位说明书编写,岗位评估,职位体系

表7.2 国有企业组织结构相关政策文件

出台时间	部 门	名 称
2015年8月	中共中央、国务院	《关于深化国有企业改革的指导意见》
2016年7月	国务院办公厅	《关于推动中央企业结构调整与重组的指导意见》
2017年4月	国务院办公厅	《关于进一步完善国有企业法人治理结构的指导意见》
2018年11月	国务院国资委	《关于印发〈中央企业合规管理指引(试行)〉的通知》
2022年8月	国务院国资委	《中央企业合规管理办法》

三、国有企业岗位管理现状分析

从当前的政策发展趋势来看,随着管理理念的更新和人才管理经验的积累,党中央对岗位管理的重视程度不断提升,近年来岗位管理相关内容多以独立的章节出现在企业改革和人才激励等相关政策中。尤其是针对岗位管理的宏观层面,即组织结构部分,国务院国资委颁布了如《关于中央企业开展"总部机关化"问题专项整改工作的通知》等一系列政策,推动国有企业"去机关化"、开展岗位编制管理,瘦身健体,实现精简高效。在政策指引下,多个央企与地方国企行动效果明显,通过组织结构调整、管理层级合并与压缩、人员精简,持续推动组织转型,提升内部管理效率。到 2020 年 9 月份,在组织体系方面,中央企业对标行业先进企业,深入推进总部组织机构改革,央企总部部门平均数量由 17 个降到14 个,二级机构平均数量由 59 个降到 51 个,平均人员编制由 363 人降到294 人。除此之外,在国企改革三年行动中,各地区国有企业牵牛鼻闯难关,对岗位体系进行一系列改革,减员增效,力争破除人员论资排辈现象,推动人才能上能下。例如,鞍钢在经营层执行刚性的岗位任期制和契约化管理,对 5 种不胜任人员实行退出机制,至 2021 年,10 名经营班子成员因未完成底线目标被免职退出。河南省资产管理公司将全体员工脱离行政编制和身份,实施岗位竞聘和市场化选聘工作,严格进行编制管理。中交集团制定"三定"方案,实行机构、编制双管控,内设机构和岗位编制压减率分别达到 21% 和 31%。2021 年,中交集团全员劳动生产率由 57.92 万元/人提升到 63.77 万元/人,提升了人员利用效率。

但总体而言,国有企业岗位管理仍是整个管理环节中的薄弱部分,造成岗位管理各个部分出现相互矛盾或者需要大量调整的问题,影响了企业运作的效率(郭京生等,2017)。现有研究表明,当前有些国有企业的岗位管理还停留在较为原始的阶段,尚未形成精细化管理和动态调整机制,组织机构僵化、人员冗余、部门设置混乱的问题仍然存在,在岗位体系的建设和岗位的设置方面也缺乏规划,岗位之间界限不清晰,工作职责不够明确,严重影响到企业运行的效率和人才的工作积极性。具体而言,部分国有企业的岗位管理还存在以下几方面问题。

(一)组织机构过于臃肿,部门墙、回声筒广泛存在

目前部分国有企业的组织结构仍然呈现出明显的金字塔形特征,组织层级较多,部门设置臃肿,缺乏灵活性,抑制了人才的主观能动性。部分国有企业对内设置机构时目标和原则并不清晰,导致部门的职责和功能并不明确,尤其是行政类部门职责交叉,带来多头管理、任务冲突、汇报线混乱等一系列问题,阻碍了企业各项工作的有序展开(覃上朝,2021)。不仅如此,由于组织结构的混乱和部门职责的模糊,引发了部分国有企业内部人员冗杂的问题,滋生出"躺平""摆烂"等职业倦怠的风气,甚至出现贪污腐败等问题,破坏了人才成长的良好环境。在内部信息传达方面,由于有些企业岗位设置不明晰、组织层级过多,内部执行决策需要层层汇报,造成响应速度较慢、信息失真等问题,加剧了组织内部交易成本虚耗,也不利于人才有效工作。总体而言,当前部分国有企业的组织结构难以满足市场竞争中快速灵活的需要,滞后于技术的更新速度,束缚了人才的有效发展。

(二)岗位设置缺乏战略性规划,岗位出现重复冗余

岗位设置指在组织结构形成的基础上,基于各职能模块和业务流程的要求进行细化的分工和归类,从而形成职责组合单位,即岗位的过程。岗位设置上承组织结构,下接具体的业务流程,保证了组织结构设计的动态落实。当前部分国有企业在岗位设置部分主要存在三方面的问题。

(1)岗位设置流程碎片化,缺乏和企业战略及组织结构的有机联动。岗位作为战略和业务的最小单元,在设置时需要依托企业的发展战略和组织结构,从而促进企业战略的落地和业务的顺利运行。岗位一旦设定则会牵动各个部门的用人情况,但当前有些国有企业岗位设置缺乏全局视野,出现依赖经验操作、因人设岗、盲目增添岗位、岗位设置不符合战略定位等问题,不仅难以与薪酬体系紧密挂钩,还给人力资源管理和业务的运作带来潜在隐患。

(2)岗位职责模糊,设置过程缺乏科学依据。在岗位设置的过程中,朱鑫(2020)提到,一些国有企业缺乏充分的调研和讨论,出现了岗位名称不规范、岗位职能交叉重叠的问题,导致相似功能和职责的岗位大量存在。同时,许多国有企业并没有基于专业分工划分职责,岗位的工作性质往往相近甚至相同,仅仅由于工作对象或者汇报对象不同,就分设多个岗位,出现重复冗余的情况。

(3)岗位动态调整机制不规范,岗位设置僵化。在实践过程中,一些国有企业管理者为了减轻工作负担,将岗位设置方案沿用了十几年,导致岗位设置已经不符合时代背景和企业发展的需要。很多岗位设置之初就存在"因人设岗"的现象,随着时间的推移,人变岗未变,加剧了岗位管理过程的形式化倾向。

王玉秀(2022)认为,岗位设置僵化造成有些企业的业务部门出现有工作任务但人手不足或与当前人员技能不匹配的现象,面对人才的流失也缺乏有效的应对方式,丧失了管理的主动权。以上岗位设置的三方面问题阻碍了国有企业人岗匹配的进程,造成国有企业的人才储备不足,导致人才的有效管理缺乏坚实的基础支撑。

(三)编制受限,定编定员原则模糊,编制过程依赖经验操作

定编定员指依据一定的流程或方法,确定企业总体和各岗位人员的数量和素质标准的过程。定编定员需要建立在企业具体的业务方向和规模的基础上,科学精简地进行,且具有较强的时效性(郭京生等,2017)。国有企业基本用工形式可分为正式工、合同工、劳务派遣用工、临时工等。其中实际编制内员工主要分为两种:其一为人事薪酬改革前入职的,存在明确编制的员工;其二为改革后由企业正式招聘,与企业签订了无固定期限雇佣合同的员工。编制内员工不论在工资、职位还是福利方面都有较高的稳定性。而编制外员工主要为企业进行自主雇佣,与企业签订了一定期限合同的员工和第三方劳务派遣员工。由于编制限制,国有企业在招聘新员工时可能面临人数上的限制,导致有些企业无法及时补充所需的关键岗位人才或高技能人才。为了解决编制限制带来的问题,一些国有企业可能会通过招聘编外员工来补充人力资源。这又带来了编外员工管理、薪酬福利差异、工作稳定性等新的问题。当前部分国有企业人员总量富余和缺员现象同时存在,段建武(2014)研究发现,在企业内部,很多部门都抱怨人手不足,但实际测算后发现不少部门甚至存在人员超标的问题,反映出定编定员工作仍然有待完善。

其中,人员冗余可能是由于前期岗位设置存在因人设岗、人岗不匹配的弊病,在后期增加任务时,部门容易盲目向人力资源部门要求增加员工,导致了人员的冗余。定编定员工作缺乏合理的人力资源规划和专业队伍的支持,企业内部也缺乏持续的定员数据积累,编制过程依赖经验,忽略了市场、组织、业务的变化,导致定编定员工作难以和国有企业的人才需求分析和储备计划有效结合。尽管《劳务派遣暂行规定》对国有企业劳务派遣工比例进行了严格限制,但当前有些国有企业存在大量的劳务派遣员工,据统计,在部分国有企业,尤其是银行、电力等行业,劳务派遣人员比例甚至可达 70% 。这类员工并不在传统的编制管理限制之内,而当前多数竞争类国有企业可以对劳务派遣人员进行自主管理,出于对用工成本的考虑,许多国有企业对于缩减劳务派遣员工的动力不足,进一步加剧了人员的冗余。

人员缺失则主要体现为人员的结构性短缺。随着组织结构的优化和生产力水平的提升,不论是新业务线的拓展还是新技术的发展都对不同岗位的人员数量作出了新的要求,但当前很多国有企业定编定员工作都比较依赖经验操作,未能有效回应时代的要求,导致许多国有企业在战略管理、高精尖技术、资产管理、市场开发等方面人才缺失,造成了结构性失衡。由于定编定员工作的不完善,导致目前很多国有企业新兴岗位缺员和传统岗位冗员并存、核心业务缺员和常规业务冗员并存、技术岗位缺员和职能岗位冗员并存,造成人力资源管理效率的降低和企业发展先机的丧失。

(四)工作分析不规范,难以实现人岗匹配

工作分析是以岗位为对象,通过收集与分析有关信息,对岗位的工作内容、职责、工作关系、任职资格等进行系统性描述和评估的过程。工作分析能为人才招聘、绩效管理、人才培训等环节提供支持。由于工作分析需要企业进行一定的投入,且短期难以看到明显的效果,导致一些国有企业对工作分析不够重视,至今没有严谨的岗位说明书。同时,方颖(2013)认为,因为缺乏充分的说明,导致不论是国有企业还是其他性质的企业内部员工会认为工作分析给自己的利益带来威胁,不积极配合人力资源管理人员的工作,造成工作分析质量较低的问题。还有一些国有企业虽然已经形成岗位说明书,但还停留在对岗位工作内容的简单罗列,忽视了岗位在整个工作流程中的作用,片面地强调工作时间、资历等显性指标,不仅造成一些岗位职责在具体的工作中难以执行的情况,还导致人才的深层特性和素质要求被忽视,加大了匹配工作的难度(饶先艳,2021)。此外杨建功(2009)提到,工作分析在一些国有企业仅被当作一个摆设,没有将其利用起来,带来招聘过程中岗位泛化,招聘标准模糊等问题。工作分析的不规范不仅增加了招聘工作者选拔人才的时间,还导致最终录用的人才可能并不符合实际业务的需要,造成了人力和财力的浪费。如果工作分析不准确,绩效标准可能不

会与实际工作要求相符,不仅可能导致人才被要求完成与其岗位不相关的任务,还可能造成评价标准不明确,难以衡量员工的实际表现,降低人才的工作满意度和动力。在人才培训方面,工作分析不规范可能使得培训内容与员工实际工作需求不符,导致时间和财力浪费的同时也难以让人才获得完成其工作所需的关键技能和知识。

(五)岗位评价专业化程度较低,缺乏定期评估与调整机制

《国有企业科技人才薪酬分配指引》指出,岗位价值评估是指在工作分析的基础上,根据岗位所要求的技术水平高低、创新要求难易、劳动强度大小以及市场稀缺程度等因素,对岗位价值进行系统衡量和评价。当下一些老牌国企由于薪酬水平基本由职级和岗位决定,而不考虑其他薪酬因素,出现了一些一线人才劳动强度大,工作复杂程度高,但在薪酬水平上却落后于职能部门的现象。究其背后的原因,除了绩效薪酬未充分落实之外,也暴露出岗位评价不合理的问题。

(1)部分国有企业岗位评价队伍专业化程度不高,导致岗位评价标准不明确。岗位评价的前提是有准确的工作分析和职位说明书,由于在前期岗位设置和组织结构等流程可能出现了一些不规范的操作,导致岗位评价缺乏明确的依据,造成后续难以高质量地开展岗位评价的工作。在岗位评价的工作人员的选择上,一些国有企业并没有重视评委的选择,倾向于直接让内部的中高层进行评估,评估前也缺乏相应的培训,导致评委并不熟悉岗位具体的业务、日常的工作和任职资格,影响了评估的效果和可信度。

(2)岗位评价的目的是客观评估出某一岗位的相对价值和任职资格等多个要素,而非该岗位在职人员个体的能力和素质。岗位评价过程容易出现对人不对岗的倾向,使得岗位评价的对象有所偏离。在实际操作中,有的国有企业针对岗位上的人员,而非岗位本身进行评价,导致最终的评价结果反映的并不是岗位的真实情况,而是对单个员工能力和素质的印象,偏离了岗位自身的价值。

(3)部分国有企业岗位评价动态调整机制不规范,容易"一评定终身"。岗位评价结果代表的是岗位在一定时间内在企业内部的相对价值而非长久的绝对价值。伴随着时代的变化和组织结构的调整,许多从前的岗位已经不再具备当时的价值,甚至不再符合企业发展的需要,或者是岗位实际的工作内容已经发生

了较大的变动,这时候就需要重新进行岗位价值评价(蒋华全等,2021)。但目前国有企业岗位评价动态调整机制还不够完善,仍有较多岗位依靠从前的岗位评价结果获取不合理的薪酬和福利,加大企业人力总成本的损耗的同时也滋生出"躺平"的风气。

四、政策建议

国有企业对人才的有效管理依赖于精简的组织结构和科学的岗位管理,但当前国有企业在岗位规划、岗位设置、定岗定编等方面仍存在许多亟待解决的弊病,影响了人才的发展和企业的有序运行。因此国有企业在未来的发展中,要做到规划先行,宏观上通过科学的授权放权,对组织结构进行"瘦身健体",压缩组织层级提高运行效率;微观上通过岗位体系的规划以及各个岗位环节的科学管理和有机联动,促进企业战略最小子单元的优化提升。通过对岗位管理存在的弊病进行清除,破除人才"身份限制"和"官本位"思想,解决有人没用、无人可用的问题,进而优化人才的岗位配置效率,拓宽人才岗位发展通道,提高国有企业岗位管理水平。具体而言,国有企业可以通过以下措施进行岗位管理。

(一)精简组织机构,提高运行效率

针对部分国有企业组织结构僵化冗余、部门设置混乱等问题,国务院国资委等已经出台一系列政策进行优化,包括简化层级、明晰组织定位、加大放权授权、明晰工作流程等措施,为国有企业组织结构改革明晰了方向。在实践层面,国有企业组织结构的完善首先从企业的实际情况出发,明确组织的业务和发展目标,对企业内部存在的问题有充分的掌握和考量(郑红杰,2022)。针对现有的问题,需要找出制约的原因和因素,并结合企业现状与目标的差距,制定一套适合企业特点的组织结构。在操作过程中可以结合《国务院国资委授权放权清单(2019年版)》明确国企总部和各下级企业的权利职责,从而明晰组织定位和管理边界,为下级企业适度"松绑",促进国有企业组织机制的市场化进程。在进行组织结构调整时,要达到集权和分权的有机结合,守住重大事项的管理权力的同时,要积极促进一般权力的松绑和下放,激发组织的内部活力。

在组织结构设计部分,国有企业需要遵循组织精简、岗位最优、效率至上的

原则(祖雪梅,2020),自上而下多阶段逐步进行,有效分散矛盾,确保过程平稳可控。万宏(2005)在研究中指出,专业化程度决定组织的横向结构,控制幅度决定组织的管理层级。因此,国有企业还要明确划分好各个职能部门的职责范围和上下级关系,压缩管理层级,促进组织机构专门化,建立市场化职级名称体系、防止分工过细与部门设置臃肿,提高企业的管理效率。

在精干高效的基础上,国有企业还可以适当扩大管理幅度,转变传统的管理思维,积极探索"扁平化""平台制""专班制"等新型组织结构,利用大数据、人工智能等建立组织管理系统,提高企业决策的科学性和精准性。扁平化组织依靠具体的目标构成组织形式,能够减少管理层级与运营成本,增加人才参与管理的积极性(覃上朝,2021)。对于一些行业分布较广、主营业务较多的国有企业,可以引入扁平化的组织结构,通过股权转让、整合重组、清理退出等途径推进组织改革,建立职责清晰、定位明确的管理体系。除了扁平化之外,近年来平台型组织也得到了诸多领先企业的认可。平台型组织是一种依托大数据和信息资源产生的,由不同的资源和业务组成的系统。企业在该系统中提供资源支持,构成了专业的赋能平台和敏捷的业务前端。朱祖平等(2022)认为,平台型组织倡导共同协作与资源共享,具有沟通灵活、柔性敏捷的优势,更能适应当前数字经济的发展。同时李雪灵等(2022)的研究显示,平台型组织有利于国有企业有效整合上下游资源,应对各类突发事件和公共危机,保障企业的平稳运行。对于一些重要的事项,国有企业还可以探索试点工作专班制,不局限于原有的部门设置,以专项任务为中心,调取各部门的关键人员共同发力,完成攻坚工作后即刻解散。工作专班制具有灵活性和针对性,能够作为日常部门工作的有效补充。

除了组织结构本身的优化以外,国有企业要提高管理效率还必须进一步明晰工作流程,制定各类主题的决策事项清单,建立健全规范的沟通机制,减少信息传递和决策制定的时间。只有当科学的组织结构和清晰的管理流程相互配合呼应,国有企业才能充分激发内部动力,促进企业可持续发展。

(二)做好岗位体系规划,促进岗位设置市场化进程

为了有效承接组织结构,提升岗位设置的科学性和严谨性,国有企业必须做好岗位体系规划,制定出一个符合企业发展目标和人才发展要求的职能体系。

（1）在基本组织的框架下，首先依据企业内部的价值链，明确各个模块的工作内容，依据业务要求确定好机构和部门的类型以及对应的职责，从而搭建岗位序列框架。在确定岗位序列时可以从横向和纵向两个方面着手。横向需要依托部门职责进行拆分，形成较为稳定的岗位工作内容，将从事同类工作且任职资格类似的岗位进行归类，如管理类、专业类、操作类等。纵向则要求在单个岗位序列中按照国家职业分类大典和生产经营活动进一步细化为岗位中类或小类，如管理类可能包含人力、市场、财务、法务等。岗位序列划分好后还需要在每个子序列下面设计好标准的级别和称谓，保持名称的统一与规范，尽量与行业通用标准一致，为后续标准化、信息化的岗位管理打下基础。

（2）要重新审视和调整组织结构，确保有效支持业务流程的高效运作。岗位设置应基于业务流程的优化，清晰界定各岗位的职责和权限，避免职责重叠，确保组织内部的高效运作。通过减少不必要的管理层级和简化决策流程，提高组织的灵活性和响应速度。针对国有企业岗位冗余的问题，要严控职能部门的岗位设置，构建小后台、大前台的部门设置，岗位向业务部门和一线事业部倾斜，防止岗位设置过于细化和职能残缺的问题。

（3）为解决岗位体系动态调整机制不完善的问题，国有企业可以制作岗位评估表，对岗位的工作内容、劳动生产率、科学性进行合理评估，结合市场需求和企业战略，调整岗位设置，确保岗位设计与市场趋势和企业目标相符合。要及时补充市场和业务需要的新兴岗位，对于难以产生应有价值或已经不适合企业发展的冗余岗位也要及时进行削减，避免出现岗位设置冗余的问题。例如，随着大数据和信息化技术的发展，应适时调整和优化岗位结构，减少非专业化岗位的设置，增加与技术、信息化相关的专业岗位，以适应时代发展的需要。

（三）科学定编定员，实现精简高效

定编定员直接关系到员工的去留和人工成本的高低，往往是矛盾的焦点，必须依靠一套规范的方法和程序，实现人员数量和岗位需求的精准匹配，避免出现机构臃肿、人浮于事等弊病。定编定员分为宏观和微观两个层面：宏观针对企业总的人力资源规划和人力成本分析；微观则指部门和岗位的人数总量与比例分配，包括专业技术、经营管理等序列的比例关系。宏观和微观的定编定员都要以企业的战略为导向,以提高用人效率为目的,综合考虑企业的发展规划和当前的生产技术条件,从岗位本身出发进行规划(刘洁,2022)。在满足现有岗位需求的同时,也要兼顾未来一段时间可能出现的人员变化,及时进行调整。例如,随着科学技术的发展,生产力得到了大幅度的提高:一方面,一些基础的操作性岗位的人员需求可能减少;另一方面,技术岗位的人员配置需要及时进行补充。要合理依据岗位工作的强度和复杂程度进行编制管理,对任务不饱和以及重复设置的岗位人员进行削减,确定好管理岗位编制的上限,破除人员冗余的弊病。国有企业还可以建立数智化编制管理体系,对各机构用人数量、职数情况、编内外人员管理、出入编管理等信息进行精准记录,提升定编定员工作的精准性。

为促进改革方案的平稳落地,国有企业可以通过对关键岗位编制进行总部刚性控制和一般岗位单位内部灵活应变相结合,加强总部管理和总量控制,依据企业的经营性质、公共服务属性、企业定位等加强集团总部和所属企业编制总量的双控制。竞争类企业可以对标市场配置,通过倒逼的方式带动单位自主优化人员数量,进行动态管理和自主调控。可以依托现有的薪酬体系,设立部门的薪酬总额,以人均工资的提升为切口,通过薪酬牵引倒逼各部门对编制进行优化。公益类企业可以根据其承担的任务和公共服务的内容,对标同类企业一次性核定编制数量,并进行实名制备案管理。针对国有企业存在大量劳务派遣冗余人员的现象,还要避免进入"一刀切"的怪圈,除数量控制外,还要对大量和长期进行劳务派遣用工的单位引导和规范,有效发挥工会的作用,有效监督国有企业履行《中华人民共和国劳动合同法》。最后在定编定员工作的推行过程中,还要设置好安置和分流措施,分阶段平稳完成定编定员改革。

(四)综合多种方法,完善岗位分析

定编定员工作完成后,国有企业可以从岗位的工作内容、任职资格、考核标准、工作关系等维度进行岗位分析,编制岗位说明书。在开展岗位分析之前,国有企业要明确岗位分析的目的,从而确定好岗位分析所涉及的目标和范围,提高后续流程的针对性。如果要将岗位分析的结果应用至招聘层面,则需要对任职资格进行详细的说明。如果岗位分析的目的是进行绩效管理,则更注重岗位工作的职责和标准,采用一些量化的方法,衡量出岗位的相对价值。

在明确了岗位分析的目的之后,需要制订更详细的分析计划,包括岗位说明书编写成员、岗位分析的信息来源与方法等。要对参与岗位分析的人员进行一定的培训和说明,让他们了解岗位分析的目的和作用,熟悉岗位分析的基本方法和岗位说明书的相关专业概念,避免对后续的工作产生误解。岗位分析的方法和信息来源有多种,方法包括观察法、访谈法、问卷调查法、工作日志法等;信息的来源有书面资料、岗位人员口述、外部观察等。国有企业进行岗位分析时要综合考虑到信息的实用性、涉及的成本等方面,结合实际需要对方法和信息来源进行选择,选择的过程中要注意定性和定量的结合,并充分让各个主体参与,获得更加全面准确的信息。在岗位分析进行的过程当中,务必注意分析的对象是岗位本身而非岗位在职的人员,注重各个要素的兼顾,不能只是关注工作时间、劳动强度等方面,还要从技能要求、心理素质等方面进行考虑。对于岗位分析结果呈现,即岗位说明书的编写部分,刘琛琛(2023)指出,需要人力资源工作者与员工、业务主管等多个主体充分交流,听取员工的意见和建议,从而保证内部的一致性。

形成了岗位分析的结果后,还要注重定期实施岗位评估,确保岗位信息的及时更新和迭代,从而更加灵活地适应企业内部调整和外部竞争环境的变化(阎亚鹏,2023)。此外,岗位说明书可以应用至人力资源管理的各个方面,国有企业可以依照岗位说明书的要求,综合利用人才素质模型、大数据技术、云计算等测评工具,促进人才综合素质和岗位需求的有效匹配。还能通过任职资格牵引对岗位现有的人才达到指引作用,从而充分将岗位要求与人才的职业发展相结合,实现企业发展和人才成长的双赢(饶先艳,2021)。

(五)做好岗位评价,落实岗位人才倾斜政策

岗位评价提供了岗位在组织内部的相对价值排序,为科学的工资结构提供了基础,让人才所得到的报酬能与自身所从事岗位的价值相匹配,进而对企业内部资源的分配达成一致。岗位评价的对象是岗位本身而不是在岗的员工,在实施岗位评价前要充分梳理各个岗位参与的业务流程和关键作用,从而准确把握岗位的工作内容、职能要求和价值贡献。此外还要对组织岗位评价的人员进行甄选和培训,制作评价手册对岗位评价的原则、尺度、方法以及最后结果的呈现

方式等进行说明,提高评价者的专业化程度,保证评价结果的公平性和规范性。在评价方式的选择上,当前企业主要选择排序法、分类法、要素比较法、要素计点法等方法,各方法成本和操作难度不同,适用的范围不一,因此,国有企业要结合企业的实际和自身的需要选择合适的方式。在进行评价要素的选择时,注意结合企业发展和人才管理的需要,对知识技能、创新能力、市场稀缺程度等多方面进行考察,而不是局限于工作时长、劳动强度等指标。在此基础上还要考虑到关键岗位人才的成长规律,对各要素赋予合理的权重和分值,落实岗位人才倾斜政策,突出关键岗位在国有企业内部应有的价值。评价过程中还需注意对岗位评价的流程、评委名单、评价标准和结果进行公开,让员工广泛参与并充分享有知情权,实现对过程的有效监督和制衡。

(六)规范开展岗位竞聘,促进人才流动

岗位竞聘是一种通过公开竞选,从企业内部选拔优秀人才配置岗位的过程。岗位竞聘主要包含两种方式:一种是岗位具备一定的任期,任期一到所有在岗人员全部下岗,然后在内部重新公开选拔竞争上岗;另一种是对新增岗位和关键岗位进行公开竞聘上岗。在推进国有企业组织结构精简高效的过程中,往往伴随着机构合并和岗位编制减少的问题。为激发人才的内生动力,盘活企业内部的人力资源,国有企业可以引入岗位竞聘这一方式转换用人机制,变"要我干"为"我要干",有效实现人员的"能进能出"和"能上能下",落实岗位管理的市场化进程。

具体而言,国有企业可以在部分经营单位进行"全体起立、竞争上岗"试点行动,与员工签订"身份转换协议书",做到"一岗一策""一人一书",通过任职资格审核,竞聘选拔、组织考察等方式推进岗位竞聘,促进岗位人员的契约化管理。针对中层干部,可以进行"非优必转",对于绩效优秀的干部进行留任或跨部门交流;对于不满足优秀条件的,将其有序从领导岗位转聘至业务序列岗位,全面激发管理人员的内部动力。例如,中国一重集团通过推行"两个合同"制度,对于达不到经营目标的领导人员以及岗位职责不达标经两次培训上岗的一般人员进行自动解职,破除人员的身份限制(姜华欣和王佳佳,2020)。国有企业在岗位竞聘过程中还需要注意成立专业的竞聘组织,保证各竞聘流程在有序领导下

公开进行,保障好员工的知情权和参与权。要严格遵循岗位说明书、绩效管理方案、岗位竞聘协议等相关要求,对参与竞聘人员的任职期限、职能权利、考核指标、薪资待遇等方面进行明确说明,让竞聘人员充分了解岗位细节,减少疑虑。

保持国有企业的平稳运行也是岗位竞聘过程中必须重点关注的问题。国有企业在实行岗位竞聘过程中要稳中求进,自上而下分层组织推进,先从中层岗位开始岗位竞聘,结合实际逐渐向一般岗位过渡,及时进行变通和调整。在做好事先约定的前提下,对于竞聘落选的员工也要给予缓冲,帮助其减轻落选的压力,引导其做出下一步的工作规划。为保证国有企业的持续发展、传递适度的压力,岗位竞聘还需要制度化、周期性地进行,真正树立"能者上、平者让、庸者下"的用人导向。

● 第八章　劳动关系

一、引言

《关于深化国有企业改革的指导意见》中指出："构建和谐劳动关系,依法规范企业各类用工管理,建立健全以合同管理为核心、以岗位管理为基础的市场化用工制度,真正形成企业各类管理人员能上能下、职工能进能出的合理流动机制。"2020 年《关于改进推动高质量发展的政绩考核的通知》也强调,要把人民群众的获得感、幸福感、安全感作为评判领导干部推动高质量发展政绩的重要标准。随着社会主义市场经济的发展,由国家对劳动者统包统配的方式早已脱离现实,劳动力要素灵活配置的市场化方式走入正轨(刘洋,2018)。面对人才竞争愈演愈烈、科技创新快速发展、劳动关系主体多元化等一系列现实问题,国有企业在生产经营过程中构建严格规范又不失温暖和谐的劳动关系至关重要。同时,积极构建国有企业和谐劳动关系也是深化国有企业改革的重要路径。

现有研究围绕国有企业劳动关系冲突原因与解决措施展开了系列探索。在冲突原因方面,陈微波(2011)指出,劳动关系体制变革实质上是不同主体之间利益的调整。因此,国企改制的深化导致国有企业劳动关系各主体之间利益关系发生了重构,从而诱发了系列劳动争议与劳资冲突。傅利平等(2013)则进一步指出了一系列国企改制中劳动关系问题产生的具体原因,如工会职能缺位、职工申诉与处理渠道不通、相关法律和法规体系缺陷等。部分研究还从工人对单位的身份认同(李锦峰,2012)、工人社会角色二重性(康静萍,2012)、用人单位管理手段粗暴(王少波,2010)等角度探索国有企业劳动关系冲突的原因。在解决措施方面,现有研究围绕制度完善与构建和谐劳动关系两个角度,一硬一软,为国有企业现存劳动关系问题的解决提出了系列建议。在制度完善方面,王丽颖(2019)从国有企业与职工之间的法律关系视角对企业职工劳动关系隶属问题和职工参与国企改革的法定权利问题提出了系列建议。田毅鹏和王浩翼(2018)则指出应围绕劳动法规和劳动者权益保障等问题不断创新以应对新变化与新挑战。在构建和谐劳动关系方面,构建和谐劳动关系的基本目标是通过系列措施打造诚信互动、协商合作、持续稳定的劳动关系(劳动科学研究所课题组,2007)。学者围绕劳动关系协商机制(韩喜平和周颖,2016)、政府的角色定位(高景芳和于春敏,2010)、政企人三方权力平衡机制(王兴华,2013)、内部劳动力市场强度(凌云,2014)等多个角度为构建和谐劳动关系提供建议。

现有研究对国有企业劳动关系管理展开了广泛探索,但少有研究对企业劳动关系管理体系进行整体与系统的构建。综上所述,本章在梳理已有文献、现行政策文件与实践案例的基础上,分析现存国有企业经营管理中的劳动关系问题,围绕劳动关系管理"一硬一软"两个方面提供系列解决措施,构建了"一核两翼"的国有企业劳动关系管理机制,为国有企业劳动关系管理与人才工作开展提供理论指导与可行建议。

二、政策及文件分析

(一)和谐社会必经之路,劳动关系政策愈发完善

1993年11月,中共十四届三中全会通过的《关于建立社会主义市场经济体制若干问题的决定》提出,"转换国有企业经营机制,建立现代企业制度",确定了国有企业改革的方向(张琦,2023)。伴随着国企改革的深入开展,国有企业劳动关系的系列问题暴露出来,为合理解决此类问题,构建和谐社会,我国陆续出台了系列国有企业劳动关系相关政策与文件。

1993年7月,国务院发布《中华人民共和国企业劳动争议处理条例》,对企业劳动争议处理原则、方式、流程等进行确定,自此,法律手段成为处理企业劳动争议等问题的有效方式(王双清,2017)。

1994年7月,第八届全国人民代表大会常务委员会第八次会议通过《中华

人民共和国劳动法》，这是我国第一部全面系统规范劳动关系的基本法律，奠定了我国劳动法制的基础。

2001年3月，国家经贸委、人事部、劳动和社会保障部联合发布《关于深化国有企业内部人事、劳动、分配制度改革的意见》，将深化国有企业内部人事、劳动、分配制度改革，作为一项具体的工作任务和改革要求，强调要建立能进能出的用工制度。

2007年6月，第十届全国人民代表大会常务委员会第二十八次会议通过《中华人民共和国劳动合同法》，既强调对劳动者的保护，也关注对用人单位合法权益的保护。该法有助于实现劳动关系双方力量与利益的平衡、促进劳动关系规范有序发展。

2007年12月，中华人民共和国第十届全国人民代表大会常务委员会第三十一次会议通过《中华人民共和国劳动争议调节仲裁法》，针对现行制度中存在的突出问题，对原有《企业劳动争议处理条例》进行补充与更新，进一步明确了劳动争议仲裁的相关流程与规定，进一步完善了我国劳动保障体系。

2011年11月，人力资源和社会保障部公布《企业劳动争议协商调解规定》。规定根据《中华人民共和国劳动争议调解仲裁法》制定，进一步规范企业劳动争议协商、调解行为，促进劳动关系和谐稳定。

2015年3月，中共中央、国务院发布《关于构建和谐劳动关系的意见》，明确了构建和谐劳动关系的指导思想、工作原则、目标任务和系列政策措施，要求依法保障职工基本权益、健全劳动关系协调机制、加强企业民主管理制度建设、健全劳动关系矛盾调处机制、营造构建和谐劳动关系的良好环境和加强组织领导与统筹协调，是指导新时期我国和谐劳动关系构建工作的纲领性文件。

2015年8月，中共中央、国务院发布《关于深化国有企业改革的指导意见》进一步指出："构建和谐劳动关系，依法规范企业各类用工管理，建立健全以合同管理为核心、以岗位管理为基础的市场化用工制度，真正形成企业各类管理人员能上能下、员工能进能出的合理流动机制。"

2023年1月，国家协调劳动关系三方下发《关于推进新时代和谐劳动关系创建活动的意见》，对新时代和谐劳动关系创建的重点、标准、评价与激励措施等进行了明确，提出了强化组织领导、强化责任传导、强化服务指导、强化检查督导和强化宣传引导,对新时代打造和谐劳动关系进行了完善与动员。

表 8.1 相关政策法规

时 间	发文机关	政策法规
1993 年 7 月	国务院	《中华人民共和国企业劳动争议处理条例》
2001 年 3 月	国家经济贸易委员会、人事部和劳动和社会保障部	《关于深化国有企业内部人事、劳动、分配制度改革的意见》
2007 年 6 月	第十届全国人民代表大会常务委员会	《中华人民共和国劳动合同法》
2007 年 12 月	第十届全国人民代表大会常务委员会	《中华人民共和国劳动争议调节仲裁法》
2011 年 11 月	人力资源和社会保障部	《企业劳动争议协商调解规定》
2015 年 3 月	中共中央、国务院	《关于构建和谐劳动关系的意见》
2015 年 8 月	中共中央、国务院	《关于深化国有企业改革的指导意见》
2023 年 1 月	人力资源和社会保障部、中华全国总工会、中国企业联合会/中国企业家协会等	《关于推进新时代和谐劳动关系创建活动的意见》

三、国有企业劳动关系现状分析

(一)"焕然一新"新风徐徐,国企劳动关系迎来全新变化

近年来,随着国企改革不断深化,国有企业整体布局与劳动关系发生了新的变化:一方面,国有企业改革使得国有企业整体布局与在岗人数大幅缩减。根据《中国统计年鉴2022》,截至2022年国有企业法人单位数为78 357个,国有企业在岗人数由2017年6 064万人减少至2021年的5 633万人;另一方面,随着改制后的国有企业激励与约束机制的不断完善,企业与劳动者之间的各类联系更加密切,国有企业劳动关系从改制进行时期的利益冲突型向现阶段利益依附型转变(刘洋,2018)。

现阶段国有企业劳动关系表现主要在三个方面。一是劳动关系总体和谐,但仍存在部分冲突。尽管在国有企业大规模改制时期,部分国有企业劳动关系争议较为明显,就业者处于单位身份与公民身份转变的混乱时期(李锦峰,2012)。但随着国家相关政策与法律的出台和国有企业稳定劳动关系的努力,市场与行政两种方式得到结合,从而实现了在维护企业与劳动者根本利益的基础上最大程度促进新时代国有企业劳动关系的稳定运行。然而,这并不意味着国有企业劳动关系的完全稳定,国有企业契约化劳动关系的发展给予了企业在劳动关系上更多的空间与权力(刘洋,2018),尽管有行政手段予以协调和约束,部分企业的不规范制度与行为仍会导致劳动关系问题的产生。二是相对优越的薪酬福利待遇增强了劳动者与企业的紧密性(张琦,2023)。根据国家统计局数据,2022 年国有企业就业人员年平均工资为 115 149 元,高于平均的 92 492 元,这为就业者留在国有企业,强化与企业之间的利益联系提供了现实基础。与此同时,受经济调整、就业压力等因素的影响,国有企业就业者对企业的从属性与依附性进一步增强。三是就业环境相对稳定并愈发重视和谐劳动关系打造。新时代对构建中国特色和谐劳动关系提出了新要求与新挑战,越来越多的企业自觉维护职工权益,打造和谐劳动关系。同时,不同于私营企业,国有企业通过将行政手段与市场手段相结合的劳动关系协调机制构建了相对稳定的就业环境(刘洋,2018),打造和谐劳动关系。政府出于社会责任,也会通过政策和经济手段促进国有企业劳动关系稳定,限制国有企业"裁员"。

(二)"畸轻畸重"不公仍存,部分国企用人制度尚难规范公平

随着国有企业改革的深入发展,国有企业用工制度也从计划经济时期的固定工制度向市场化与契约化的方向转变。然而,受多种因素影响,当前部分国有企业用工制度仍存在问题,这也导致部分国有企业在人力资源配置与管理上存在漏洞。一是用工制度与管理不标准不规范。当前,部分国有企业仍存在各类契约内容不全、约束不强、监管不足的问题。企业对职工的招录与管理不能实现信息、过程与结果的公开。二是国有企业用工形式多样化发展的同时并没有做好相关制度规范与公平对待。用工形式的多样化使得国有企业所能获取的人力资源并不限于企业之内,然而,由于部分企业用工形式的不规范,实行层级化与身份制的用工制度,这造成了体制内外就业者区别对待的劳动关系,如正式职工与劳务派遣职工、非全日制人员之间的非规范化安排。这使得部分国有企业劳动关系更加复杂化,企业外人才活力难以激活。

(三)"白璧微瑕"不足尚在,部分国企人文关怀建设有待提高

现阶段国有企业在和谐劳动关系构建方面已经取得丰富成果,但"白璧微

瑕"尚存不足,部分国有企业人文关怀建设仍任重道远。现阶段国有企业人文关怀建设中遇到的问题主要有以下两个方面:一是集体协商的实体和程序制度有待完善(游晓宇,2022),劳动者难以构成利益共同体而缺乏凝聚力是集体协商失灵的根本原因(杨浩楠,2020),部分国有企业劳动关系双方之间的集体协商浮于表面,有些劳动者难以寻得集体协商的有效路径,难以构成有力的利益共同体以争取自主权利;二是"人性化"管理相对匮乏,人文关怀有待提高,部分国有企业忽视了职工的主体性与需求,"人性化"管理不足(左德松,2021)。职工管理需要对症下药,职工成长需要因材施教,"一刀切"管理和刻板化氛围不利于职工潜力激发,也不利于职工创新激活。仅凭稳定的就业环境和相对较高的薪酬,往往难以满足高层次人才的需求,人文关怀的缺失也不利于职工幸福感的建设。

(四)"对症下药"有待重视,部分国企职工退出机制仍需创新

退出机制是一个动态过程,是企业对不符合要求的人员采取降职、调岗和解雇等一系列做法的一种人力资源管理方式(李娟等,2012)。现阶段,国有企业在不同程度上存在"重选拔、轻任用""干部能上不能下,职工能进不能出"的问题。2022年《推进领导干部能上能下规定》体现了国家对选人用人机制的重视。而退出机制的完善与创新,正是解决这一问题的有效机制,对于国有企业劳动关系管理问题解决更是一大有效途径。在实践中,部分国有企业存在职工退出机制单一、退出有情操作缺乏、主观意识不足的问题(申峰,2023)。然而,退出并不仅意味着退出企业,其可以分为退出通道、退出岗位和退出企业。对于人岗不相宜的职工,不让其退出,将不利于其他优秀职工的发展;让其直接退出,将不利于职工其他才能的发挥;仅仅让其退出,将不利于其能力的改善与潜能的发掘。所以在职工退出管理中,有必要做好"对症下药工作",推进国企职工退出机制创新。

四、政策建议

国有企业劳动关系管理是国有企业人才管理的基础之一,应在党的领导下,制定科学、合理、规范的劳动关系管理流程,健全企业集体协商与民主管理流程、

提高企业人文关怀,增强国有企业职工的安全感、幸福感与获得感。在此基础上,建立"一核两翼"的国有企业劳动关系管理体系:一核即坚持党的领导,在企业党委的领导下开展各类职工劳动关系管理活动,并推进"党建+劳动关系"格局;两翼即和谐劳动关系建设"一硬一软"两只手,"硬手段"即规范劳动关系管理流程和职工管理公平公开,"软手段"即完善集体协商、加强人文关怀、创新退出机制。此外,需重视该体系实行的前提与保障,即企业经济支持与劳动关系预警机制建设,具体如图 8.1 所示。

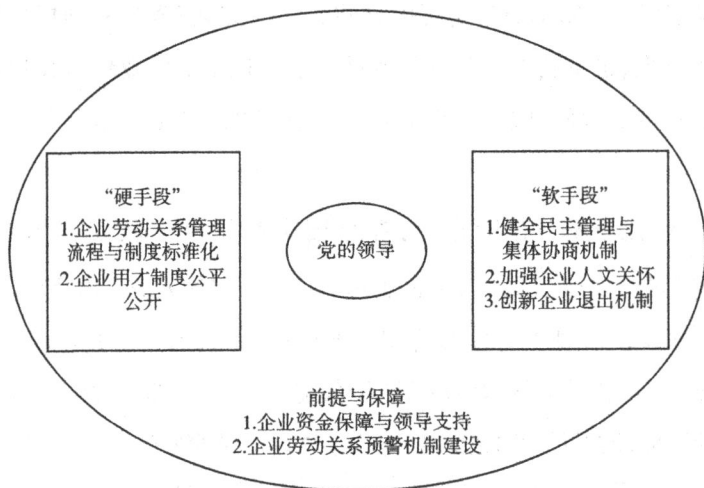

图 8.1 中包含以下内容：

"硬手段"
1.企业劳动关系管理流程与制度标准化
2.企业用才制度公平公开

党的领导

"软手段"
1.健全民主管理与集体协商机制
2.加强企业人文关怀
3.创新企业退出机制

前提与保障
1.企业资金保障与领导支持
2.企业劳动关系预警机制建设

图 8.1 "一核两翼"建设体系

(一)坚持党的领导核心地位,构建"党建+劳动关系"格局

2015 年《关于构建和谐劳动关系的意见》中指出:"指导和支持企业党群组织探索适合企业特点的工作途径和方法,不断增强企业党群组织活力,充分发挥在推动企业发展、凝聚职工群众、促进和谐稳定中的作用。"在国有企业劳动关系管理过程中,国有企业党委要充分发挥领导核心作用:一方面,鼓励企业各级党委开展各类特色党建活动,提高服务水平,扩大服务范围,为职工工作与生活提供更好保障;另一方面,党员干部要充分发挥自身作用,深入一线了解职工需求,把握职工动向,解决职工实际问题。此外,公司党委要加强企业民主管理制度建设,为以职工代表大会为基本形式的企业民主管理提供支持与引导,将党建与民主管理、集体协商相结合。

（二）提升劳动关系处理专业程度，确保劳动关系管理严谨规范

国有企业劳动关系建设，最基本的工作之一就是要提升企业劳动关系工作的专业性、严谨性与规范性。尽管已有不少企业就企业内部劳动关系规章制度进行完善与规范，但仅局限于劳动关系制度本身并不能充分提高企业劳动关系管理能力。一方面，要开展国有企业职工劳动关系管理培训。国有企业应积极寻求与业界标杆、学界典范开展交流，提升企业劳动关系管理人员的专业程度，并就职工劳动关系管理展开系统学习。另一方面，在规范企业劳动关系管理制度与流程的同时，要注意对劳动关系开展过程的监督，最大限度提高劳动关系管理的规范性。可以成立劳动关系监管与考核机制，将职工劳动关系管理纳入管理者考核，监督企业劳动关系管理过程，汲取企业成员对企业现有劳动关系管理的意见与建议。

（三）深化企业内部用人改革，落实职工管理公平公开

用工制度改革对新时代国有企业和谐劳动关系的发展具有重大意义（张琦，2023），国有企业应健全以合同管理为核心、以岗位管理为基础的市场化用工制度（刘洋，2018）。这意味着国有企业要做好劳动合同制度与职工分层分类管理制度的建设。一方面，国有企业应做好劳动合同制度建设，推进用工制度公开公正公平。信息技术的快速发展为国有企业劳动合同的深度建设提供了可能，运用信息技术，企业可以通过线上平台实现劳动合同管理网络化、劳动合同监测动态化、劳动合同程序可视化，如中国电信以推进合同管理数字化转型助推企业风险防范。另一方面，国有企业应构建人才分层分类管理制度，创新原有用工方式，落实市场化用工制度，打破"干部"与"工人"的边界。例如，通过选任制、委任制、聘任制等方式拓宽选才用才渠道，通过允许灵活用工和完善配套保障做好非全日制用工、外包职工等群体及其中人才权益的保障。

（四）完善企业协商协调机制，提高国有企业职工获得感

在参与协商与协调的过程中，职工能够感受到企业对自己的重视，从而提升职工的获得感。一方面，强化现行工会体制下劳动者的凝聚力是突破我国集体协商困境的理性思路，当工会无法切实代表自身利益时，劳动者倾向于将其抛弃并选择直接与雇主交涉（刘瑞华，2023）。工会作用的充分发挥，需要提高其代

表性与独立性,就企业层面而言,企业工会的代表应按照合理合法程序由企业劳动者自主推选产生,并设置劳动者对工会代表监督的机制,以确保工会代表能够真正代表劳动者利益,表达劳动者合理诉求。另一方面,要做好集体协商的常态化与透明化。企业要做好集体协商机制的宣传工作,改变过去"不愿谈"的状态,主动引导劳动者参与集体协商(左德松,2021),促进共建共商共享。同时,企业要充分运用互联网、数字技术等新方式,打造"互联网+"协商服务平台(左德松,2021),科学掌握集体协商预期、目标与实际情况以提高集体协商的效率与效能,实现企业与劳动者的共赢。此外,要充分拓宽劳动者合理利益表达渠道,围绕劳动者核心利益诉求,借助相关网络平台,通过线上与线下相结合的方式,为企业劳动者拓宽利益表达渠道,满足劳动者合理诉求。

(五)做好企业管理人文关怀,提高国有企业职工幸福感

"人文关怀"是企业人才管理中不可或缺的一个关注点,是企业成员幸福感提高的有效方式,在国有企业劳动关系管理中亦是如此。国有企业要加强对职工的人文关怀,注重职工精神需求与心理健康,提供"个性化"服务与"人情味"管理。一方面,国有企业在劳动关系管理中要对职工进行"个性化"管理,对职工进行分层分类管理,充分尊重不同职工的特点,及时关注职工诉求,如开展个性活动:针对新入职职工,设置新人沟通与带练制度,以便新人快速适应企业文化与业务;针对高层次人才,提供定制化权限与服务,适当调整限制,以便更好地满足高层次人才发挥才能所需。另一方面,人文关怀不仅有"个性化"服务和各类福利,还可以体现在人性化制度设计上,应提高制度设计的灵活性,拒绝"一刀切",如设置弹性工作时间、设置柔性考核指标、建立鼓励试错机制等。

(六)改进完善职工退出机制,提高国有企业职工安全感

作为企业人力资源战略的重要组成部分,职工退出机制在国有企业劳动关系管理中也是重中之重,而退出也关系着职工在企业中的安全感。国有企业职工退出机制的完善,主要可以从事前、事中与事后三个部分展开。在事前,国有企业要充分发挥基层党组织的组织力与凝聚力,在退出工作开展前要进行提前谋划、审核与摸底(李娟等,2012)。同时,企业要充分健全企业退出制度,并做好退出制度的协商共建与公开公示工作。此外,既要做好退出制度前的绩效考

核工作,确保考核充分体现职工能力,又要做好退出机制的备案与预警制度建设,让职工有所知并相应有所为。在事中,要做好退出机制的灵活性设计,提供多种退出渠道,根据实际情况做出最优选择,并充分体现制度的人性化,特殊情况特殊处理,切忌一刀切。在事后,要做好职工退出的后续工作,做好离职职工管理,与绩优的离职职工建立长期联系,以便"回聘"制度的实现;为人岗不匹配的退出职工提供再培训与再学习,提升职工能力;为难以实现再就业的离职职工提供就业培训,做好退休职工的妥善安置与保障措施,为员工退出提供兜底保障和再就业的有效资源(李娟等,2021)。

(七)关注劳动关系动态变化,建设核心人才预警系统

劳动关系管理要积极运用数字化手段,主动借力,探索建立劳动关系风险预警和决策分析平台。国有企业在完善劳动关系管理的同时,要做好核心人才离职等劳动关系问题的预警机制,实现早预测、早准备、早预防。核心人才预警系统本质上是一系列关注核心人才流失与劳动关系问题的预警管理方式。主要可以从两个方面开展建设:一是关注核心人才个体,通过建立核心人才库对企业拥有的核心人才资源进行界定,定期开展核心人才访谈与调查,时刻把握核心人才需求与状态,以及时预测可能发生的劳动关系问题;二是做好部门预警建设,提升核心人才所在部门的管理能力,加强部门内部沟通与跟踪,将核心人才流失率作为部门考核的一部分,提高部门对核心人才的关注度。

(八)提高劳动关系支持力度,打好劳动关系建设经济基础

劳动关系管理,是人力资源管理的重要环节(王星和刘九青,2022),也是国有企业人才管理体系的一大基础,但也是极容易被忽视的一环。国有企业劳动关系的管理,不仅是想不想管理,而且是有没有经济实力处理。劳动关系管理离不开企业高层的支持与良好的经济基础。因此,国有企业一定要给予劳动关系管理充分重视,做好劳动关系建设的资金支撑,让企业劳动关系管理者不仅"敢想"而且"敢做"、不仅"敢做"而且"能做"。

第九章　数字化转型

一、引言

在数字经济大潮中,数字化转型已不是企业的"选修课",而是关乎企业生存和长远发展的"必修课",国有企业特别是中央企业普遍将数字化转型战略作为"十四五"时期业务规划的重要内容之一,数字化能力也成为衡量国企改革成效的重要指标(王轶辰,2022)。

《国民经济和社会发展第十四个五年规划和 2035 年远景目标纲要》首次以专篇对数字化发展做出系统布局,提出迎接数字时代、激活数据要素潜能、推进网络强国建设,加快建设数字经济、数字社会、数字政府,以数字化转型整体驱动生产方式、生活方式和治理方式变革(曹勇新,2022)。国有企业作为国民经济的重要支柱,是国有经济发挥主导作用的骨干力量。在如今的时代背景下,更要牢牢把握数字化发展战略机遇,发挥国企在新一轮科技革命和产业变革浪潮中的引领作用。为开启全面建设社会主义现代化国家新征程作出更大贡献。支撑国有企业转型的是数字化人才与组织。相关数据显示,国有企业全力推进数字化转型,数字化专业人才需求增长迅速,2022 年数字化专业人才(技术类岗位)的新发职位量占比同比 2021 年增长 7.9% 。求职者选择国有企业不仅是求稳定,平台大、资源多,能带来更多机遇和挑战也是求职者的心之所向。

从人才体系的视角来看,以往学者谈及数字化人才多关注管理人才与技术人才,鉴于数字经济发展速度之快、辐射范围之广、影响程度之深,关于数字技能的讨论已不局限于之前的范围,应用人才这一群体是企业数字化转型中赋能的对象,也是将数字化工具赋能业务的主体,已成为数字化赋能的重要引擎,正逐步走入舞台中央。数字化转型使得组织对于数字人才的需求激增,然而当前劳动力市场上数字人才存在明显不足,在人才短缺的背景下,提升劳动力的数字技能是企业提高市场竞争力的内在需求,更与经济数字化的整体趋势相匹配(陈煜波等,2022)。此外,如何吸纳国际化的数字人才也是企业需要进一步探索实践的方向(薛新龙和岳云嵩,2022)。

二、国有企业数字化政策分析

2020 年 8 月《关于加快推进国有企业数字化转型工作的通知》,推动国有企业数字化转型作出全面部署,明确了国有企业数字化转型工作的重要意义、主要任务和保障措施,就此开启了国有企业数字化转型的浪潮。几年来,不少企业在数字化转型方面进行了充分的探索实践,政府对其重视程度也在不断提高。

2023 年 2 月,中共中央、国务院印发《数字中国建设整体布局规划》。规划指出建设数字中国是数字时代推进中国式现代化的重要引擎,是构筑国家竞争新优势的有力支撑。作为数字中国建设的主力军与中坚力量,国有企业应充分发挥战略支撑作用,为数字中国的建设贡献更大力量。同时规划也再次强调了人才支撑的思想,领导干部和公务员数字思维、数字认知、数字技能。统筹布局一批数字领域学科专业点,培养创新型、应用型、复合型人才。

地方积极响应中央的数字中国建设规划。2021 年 9 月,北京市国资委发布了《关于市管企业加快数字化转型的实施意见》,提出到 2025 年,数据驱动的国有经济高质量发展模式基本建立,企业发展质量效益明显提升,努力实现"四个一批"。推动数字经济与国有经济深度融合,全面提升产业基础能力和产业链现代化水平,这表明地方层面也在不断加码。2023 年 11 月山东省地方标准《国有企业数字化转型工作指南》是全国第一数字化转型的地方标准,给出了国有企业数字化转型的指导性建议,包括转型内容、转型流程等内容。

表 9.1　国有企业数字化转型相关政策文件

时　　　间	发文机关	政策文件
2019 年 1 月	农业农村部等三部门	《数字农业农村发展规划(2019—2025 年)》

续上表

时　间	发文机关	政策文件
2019 年 11 月	自然资源部	《自然资源部信息化建设总体方案》
2020 年 8 月	国务院国资委	《关于加快推进国有企业数字化转型工作的通知》
2020 年 9 月	住房城乡建设部	《"十四五"建筑业发展规划》
2021 年 1 月	国务院国资委	《关于进一步深化法治央企建设的意见》
2021 年 4 月	工业和信息化部	《数字中国发展报告（2020 年）》
2021 年 4 月	住房城乡建设部等	《关于加快发展数字家庭提高居住品质的指导意见》
2021 年 7 月	工业和信息化部	《新型数据中心发展三年行动计划(2021—2023 年)》
2021 年 8 月	水利部	《"十四五"期间推进智慧水利建设实施方案》
2021 年 11 月	国务院办公厅	《全国一体化政务服务平台移动端建设指南》
2021 年 11 月	中央网络安全和信息化委员会	《提升全民数字素养与技能行动纲要》
2021 年 12 月	国务院	《"十四五"数字经济发展规划》
2021 年 12 月	应急管理部	《应急管理部信息化发展战略规划框架》
2021 年 12 月	民政部	《"十四五"民政信息化发展规划》
2022 年 1 月	工业和信息化部、教育部、文化和旅游部等	《虚拟现实与行业应用融合发展行动计划(2022—2026 年)》
2022 年 1 月	农业农村部等十部门	《数字乡村发展行动计划(2022—2025 年)》
2022 年 1 月	中国人民银行	《金融科技发展规划(2022—2025 年)》
2022 年 1 月	银保监会	《关于银行业保险业数字化转型的指导意见》
2022 年 3 月	中共中央、国务院	《关于加快建设全国统一大市场的意见》
2022 年 10 月	国务院	《国务院关于数字经济发展情况的报告》
2023 年 2 月	中共中央、国务院	《数字中国建设整体布局规划》
2023 年 4 月	工业和信息化部	《数字中国发展报告（2022 年）》
2023 年 4 月	交通运输部等	《加快建设交通强国五年行动计划（2023—2027 年）》
2023 年 4 月	农业农村部等五部门	《2023 年数字乡村发展工作要点》
2023 年 5 月	国务院国资委	《关于中央企业新型智库建设的意见》

三、国有企业数字化发展现状

国有企业数字化转型是指国有企业利用数字技术和数据资源，实现企业管理、生产、服务等方面的创新和优化，提升企业竞争力和发展质量的过程。随着数字经济的发展,国有企业数字化转型已成为国有企业改革和发展的重要任务(戚聿东等,2021)。下面通过公开发表的研报、数据和访谈,总结国有企业数字化发展的现状特点。

(一)数字化如何推动国有企业的发展

中央企业是中国经济的重要组成部分。在"十四五"规划纲要中提及的10个数字化应用场景中,中央企业覆盖了6个场景,中央企业数字化转型将全面推动全社会数字化进程。国企改革、产能优化和国际形势变动的大局势下,国有企业对数字化变革的需求越来越强烈,国有企业需要在复杂多变的国际经济局势下加强对于行业发展、风险控制和国际市场动态掌控,无法避免需要数据加持、数据应用,加速数字化转型进程。

腾讯研究院于2022年发表了一篇《国有企业数字化转型的调研报告》,对国有企业数字化转型进行了多维度的较为深入的分析。从数字化转型的必要性看,调研样本中超过一半的领导者认为必须"推进组织和管理的数字化转型""提高生产和运营的智能化水平""推动产品和服务的数字化创新"。此外,"积极引进和培育数字化人才""构建采购与营销的敏捷化网络""促进跨界与融合的生态化协同"也是领导者认为的数字化转型的重要方向。组织和管理的数字化普遍被认为是国有企业数字化转型的必选项,数字化转型是一个广泛而深远的话题,从生产力到业务、从组织结构到企业文化、从人才培育再到创新转化,在当下快速发展的商业环境中已经成为企业保持竞争力和持续发展的关键因素之一。

(二)数字化典型的应用场景

根据用友、金蝶、华为、网易智企等提供数字化转型服务的企业所发布的相关案例,企业中数字化转型的应用场景主要分为战略升维、组织架构变革、生产模式变革、营销模式变革、运营模式变革、风控模式变革、企业边际拓展七大类,见表9.2。

表 9.2　数字化企业应用场景总结

应用场景	适合企业	应用关键	相关案例
运营模式	不同规模的企业,尤其是中小型企业	企业内部运作全流程的数字化,运作流程和资源调度的优化,特征是标准化、精准化和数据赋能	银泰百货线上线下一体化O2O模式;深圳机场数字化手续办理

续上表

应用场景	适合企业	应用关键	相关案例
营销模式	扩张战略,拓展市场和客源	互联网社群的打造,以自媒体、用户群、微信号为代表的私域流量营销	小鹏汽车 App;星巴克 App 中 inbox 个性化推荐
生产模式	制造业寻求降本增效	智能制造,无人工厂等模式;与企业销售、售后形成数据链的闭环,以销定产,快速反馈需求端	竞速精研科技全面部署智能质检设备;生鲜 B2B 电商平台宋小菜以销定产的"反向供应链模式"
组织架构重建	扁平化组织,希望加速内部人力资源的流动	细分为办公数字化和人力资源管理数字化,以"人"为核心	我爱我家人力资源管理系统;房天下 OA 系统
风控模式	所有数字化转型中的企业	保障企业和数据的安全,注意合规风险、隐私性和透明度,遵守规章制度和法律条文	农业银行智能托管平台;北控水务集团财务共享服务中心
企业边际拓展	创新型企业	关注配套服务,拓展服务内容,探索新的领域和客户	Under Armour 从服装到互联网健身产品;美云智数(美的集团旗下)从美的数字化转型职能到商业化的数字化咨询服务公司
战略升维	大型企业,有行业影响力,资质和体量要求高	关注长期数字化转型战略,响应国家政策,争当行业数字化转型领导者	中国人民银行打造区块链福费廷交易平台;安联保险联合打造行业级区块链应用 B3i

数字化阶段	标准化		价值化			生态化	
应用目的	流程优化	数据安全	市场拓展	降本增效	人力资源流动	服务创新	行业影响力
应用场景	运营模式	风控模式	营销模式	生产模式	组织架构重建	企业边界拓展	战略升维

图9.1 国有企业数字化应用场景

具体到员工的工作场景,数字化转型为企业提供了员工之间远程合作和搭建虚拟团队的基础,员工基于网络平台进行协同合作,有效运作虚拟团队,弹性工作制的工作设计也越来越受年轻人的欢迎。携程曾对远程工作的员工进行了一项调查,发现居家办公的员工有更高的工作效率及工作满意度,这样灵活的虚拟团队模式适合研发、服务等类型的岗位,也适合跨国公司和跨文化团队,尤其对于跨国公司不同时区的员工通过数字化平台进行合作,实现了"不分昼夜"的项目推进。

企业的数字化转型是一个从部分到整体、不断迭代的过程。在数字化转型的过程中,国有企业更倾向于优先从提升管理效率和优化营销与服务的角度入手来开展数字化转型。综合排序结果显示,国有企业开展数字化转型的一般顺序为:"从管理角度入手,优化行政和决策""从用户角度入手,优化营销和服务""从产品角度入手,优化研发和生产"。其中认可用户角度入手的受访者占比最高,这说明无论是系统全面推进数字化转型,还是选择数字化转型的切入点,大多数国有企业都选择了管理(优化行政和决策)/用户(优化营销和服务)→产品(优化研发和生产)这一顺序(陈煜波和马晔风,2018)。这一调查体现了国有企业数字化转型的思路,开展数字化转型过程中优先基于业务视角、用户视角、管理视角,关注数字化对核心业务的赋能,关注用户需求的洞察,关注内部流程运作的效率,将数字技术应用于运营管理和营销模式,发挥流程级工具的作用,长期视角来看,数字化技术朝着平台级和生态级的方向发展,应用场景上更加注重组织内部优化、产业链管理、产品服务创新等方面,具体来说将应用于人力资源多层级管理、供应链服务创新、业务边际拓展等应用场景。

(三)国有企业数字化发展特点

作为经济社会发展的顶梁柱,国有企业肩负着经济、政治、社会三大责任,必须充分发挥在数字经济浪潮中的模范引领作用,当好高质量创新驱动发展的领头羊、排头兵。在国有企业数字化转型过程中,呈现初级阶段为主、行业差异性发展和阶段性分布的特点。

1. 初级阶段为主

数字基建和产业数字化推进已经实现了较大范围的覆盖。这也得益于 ICT

的创新应用和推广,在产业数字化推进方面,截至 2021 年初,中央企业三分之二的研发单位实现三维数字化建模和仿真,半数以上建成了产业链数字化生态协同平台(曹雅丽,2021)。

从数字化转型阶段进程看,2022 年腾讯研究院的调研报告中,六成受访者认为所在企业仍处于转型初期。其中,三成认为数字化转型影响局限于单一职能范围,尚未对主营业务起作用,也有三成受访者认为数字化转型已在局部发挥作用;认为数字化转型已进入转型深入期,并能对主营业务起支撑作用的占比为29.1%,这些受访者多来自制造业和能源行业;10.9% 的受访者认为数字化转型已逐渐成熟,并在一定程度上可实现企业内外部协同互动、协作共享,这可能与相关行业信息化建设起步较早有关。2020 年底发布的《新形势下的国企数字化转型之路》白皮书显示:从整体情况来看,大部分国企数字化转型还处在初级或者中级阶段,达到高级阶段的企业只有 5.3% 左右。

2. 行业发展差异

能源、金融等国民经济的支柱性产业,具有信息程度高、数据基础较为完备等特征,往往成立数字化子公司寻找单点技术领先的解决方案;离散制造业、军工等行业中,信息化建设相对较弱、数据完备程度与数据质量较差,此轮数字化建设可能跳过单点功能实现的阶段,直接通过集团级、集成式平台完成数字化转型。能源行业、制造业、服务业、建筑业、综合性企业的转型程度自我评价打分(加权平均值)依次递减。能源行业、制造业和服务业的数字化转型程度自我评价高于平均水平。建筑业与平均水平齐平,而综合性国有企业的转型程度最低,具体如图 9.2 所示。

3. 阶段发展差异

根据数字化能力层次和数字化应用范围,国有企业数字化转型可以分为三个阶段:第一阶段,基础信息化建设,实现所有核心业务的线上化和系统化;第二阶段,数据整合分析与呈现,反映经营管理情况,推动业务改革;第三阶段,数据驱动成为企业发展的核心动力,数据指导决策,形成全员的数据文化氛围。

无论是总部主导,或者是分公司自行采购,大部分国企已经完成了基础信息系统的建设与上线,或者在完善一些基础信息的数据采集,例如"三重一大"等。

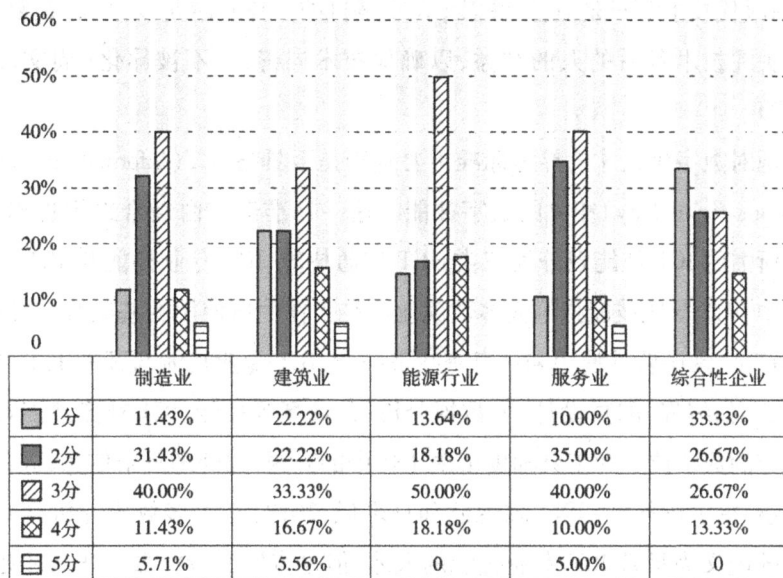

	制造业	建筑业	能源行业	服务业	综合性企业
1分	11.43%	22.22%	13.64%	10.00%	33.33%
2分	31.43%	22.22%	18.18%	35.00%	26.67%
3分	40.00%	33.33%	50.00%	40.00%	26.67%
4分	11.43%	16.67%	18.18%	10.00%	13.33%
5分	5.71%	5.56%	0	5.00%	0

图9.2　国有企业数字化行业发展差异

近几年国企的数字化工作主要聚焦在第二阶段,即数据的治理、利用商业智能实现数据的分析与呈现,辅助决策管理。仅有少部分国企实现了部分业务的数字化驱动,这也是推动国企市场化改革的重要手段。当前国有企业在发展阶段上呈现出"两头窄、中间宽的纺锤形"发展特征。

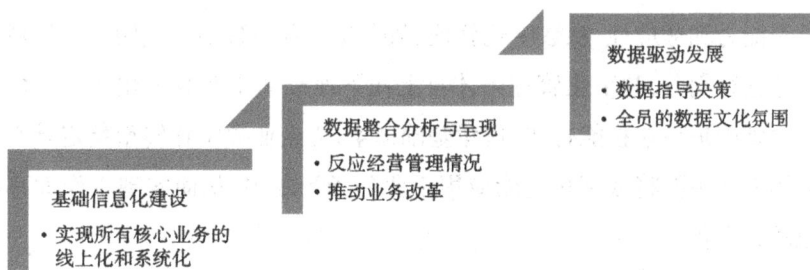

数据驱动发展
- 数据指导决策
- 全员的数据文化氛围

数据整合分析与呈现
- 反应经营管理情况
- 推动业务改革

基础信息化建设
- 实现所有核心业务的线上化和系统化

图9.3　国有企业数字化阶段发展差异

(四)数字化人才培养现状

目前关于数字化的文章研究主要集中在组织和技术层面,缺乏以员工为中心的视角,学术界对于数字化所依赖的新一代信息技术如人工智能、大数据、云计算、互联网、物联网高度重视,但对于受到新技术影响的人却关注不够。事实上,任何时代技术都只是方法、手段,人才是目的。技术越是发达,越是复杂,就越需要关注技术背后的人的利益,以确保技术向善、人不被异化(周文霞和潘真,2022)。

各国对数字化人才的界定标准主要基于是否具备 ICT(information and communications technology)相关的数字技能。这一标准最初由经合组织提出,将数字经济所需的 ICT 技能划分为三类:ICT 普通技能、ICT 专业技能和 ICT 补充技能。其中,ICT 普通技能指绝大多数就业者在工作中所使用的基础数字技能,如计算机打字、常用软件使用和信息查找等技能;ICT 专业技能与开发 ICT 产品和服务相关,如编程、网页设计、大数据分析、云计算等技能;ICT 补充技能指的是利用特定的数字技能和工具辅助解决工作中的问题,如处理复杂信息、进行商务会谈沟通、提供业务方案等(陈煜波和马晔风,2018)。大多数研究机构对数字化人才的定义为具备 ICT 专业技能的人才,但也有研究者将数字化人才延伸至具备 ICT 普通技能和 ICT 补充技能的就业人群。如对数字化人才的定义进行提炼:数字化人才指的是具备数字化技术且能够完成技术在某一领域或场景的应用,能够紧跟技术发展趋势和产业发展趋势的相关人才(何宪,2022),专业能力的复合是其典型特征。

数字化人才是支持国有企业转型的中坚力量,数字化人才具备与时俱进的知识、技术,了解数字化背景下的组织形态,在变化和发展的数字化环境中有较强的学习能力和适应性,从数字化管理、数字化专业与数字化应用三大领域对数字化人才进行划分,数字化管理人才自上而下地推动企业数字化变革。数字化专业人才则聚焦专业技能打造,搭建基础框架,为企业数字化转型奠定基石。数字化应用人才主要将数字化技能应用于业务场景之中,从而实现工作效率与工作价值的最大化。

但从腾讯研究院调查报告中数字化转型投资内容来看,国有企业主要的投入在应用软件部署和数字基础设施建设方面,约占七成。认为数字人才是最主要的投入资源的受访者占比为 23.6%,这里的数字人才主要是指招聘和培训专业人才,可以看到数字人才在企业资源分配中占有较为重要的比重,也体现了数字人才的战略地位。

从求职者的角度来看,随着国有企业的数字化转型道路越走越深,近年来

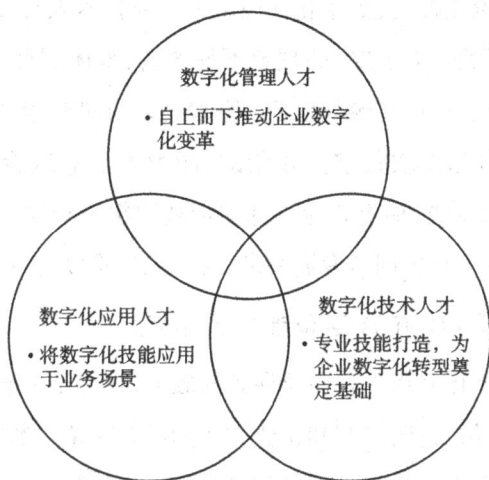

图 9.4 国有企业数字化人才画像

数字化人才对国有企业的期待值逐渐升高,32% 的求职者愿意考虑选择国有企业。鉴于互联网企业现状,传统企业在数字化转型过程中,数字化人才的回流也有明显的体现,增长 3%。总体上国有企业在数字人才的吸引方面具有一定的优势。

四、部分国有企业数字化发展的问题分析

(一)顶层设计:全局意识和战略高度缺乏

(1)大型国有企业通常规模大、管理关系复杂,系统化转型难度较大。部分处于传统产业的企业领导层和决策层通常缺乏数字全局意识和战略高度,对数字化技术不甚了解,天然规避风险,即使从局部切入转型,也难以达到系统转型效果。有些企业负责人对数字化转型、数据治理、数据安全等工作的落实顺序和方式尚存疑惑,对整体数据体系认识不清晰、缺少信息化布局规划、对数字化转型理论框架认识不足。在一些国有企业尤其是制造类国有企业中,虽然"一把手"对数字化转型的认识逐渐增强,但高层管理理念、中层工作思路和基层工作方法等还没有完全适应数字化发展要求,数字化运营理念还没能在企业深入推行。

(2)部分国有企业组织管理模式为层级式、金字塔结构,决策方式自上而

下，审批流程长，决策缓慢，且数字化部门多为专业技术人员，难以参与企业高层决策，导致技术和管理"两张皮"的现象不易改善，集团层面的数字化战略从制定到落实推进，下级公司存在参与较低、理解较浅、推进较缓、空间较小等问题。

（3）部分企业内部面临数字人才紧缺、能力不足的风险，不能有效为轻量化、协同化业务模式赋能，加上企业外部知识获取渠道短缺、内部知识数据沉淀不足等问题，难以响应业务创新发展需求，人才现状难以支持企业可持续发展。

（二）人才体系：现有储备和胜任力不足

部分国企在数字化升级过程中所遇到的瓶颈，往往不在软硬件技术，而在于对组织机构、人才队伍、运营机制和企业文化的深刻变革。数字化转型对企业全员的思维理念和数字素养提出了全新挑战和要求，但多数处于传统产业的国有企业面临数字人才紧缺、能力不足、结构失衡的严峻挑战，难以支撑企业数字化转型要求。部分国有企业迫切需要培养具有业务能力和数字化专业能力的复合型人才，尤其是具备战略眼光、数字思维、设计能力、创新精神的领军人才。

目前很多国企在数字化转型中面临的人才问题主要包括三个方面：一是人才储备不足，国有企业从事数字化工作的员工人数无法满足需求（通信、电子等行业企业除外）；二是胜任能力不足，较少的国有企业采取措施开展懂数字化技术、懂业务、懂管理的复合型人才招聘和培养，目前国有企业的数字化转型基本处于自动化阶段，对人才的胜任力评价更多是从业务视角出发，而数字化时代人才评价标准会发生变化，企业更加需要具有数据能力的人才，能够串联全生命周期数据的人才，现有人才的胜任能力难以满足企业长期发展需要；三是人才结构性失衡，目前数字化人才供给集中在传统的科技人才，高端人才不足，既掌握数字技术又拥有相应行业经验及应用场景的复合型人才成为企业竞相追逐的对象，首席数据官、云计算专家、数字化总监、大数据专家、技术架构师、数字化转型规划专家、信息安全经理、数据治理专家、数据分析经理等是目前数字化转型的人才缺口与热门岗位。

根据《2023 企业人力资源数智化转型洞察与展望报告》，仅有 18.4% 的企业认为它们的数字化人才队伍已经完全可以满足转型需求，大部分企业的数字化人才仍是供不应求，亟待强化数字化人才队伍的建设培养，说明数字人才的缺口仍然较大,传统企业急需的数字化人才50%以上集中在互联网、信息通信等数字技术产业。

结合人才困境,部分国有企业在现有的数字化人才队伍建设方面也存在以下问题:一是有些企业缺乏对全员数字素养和能力提升的重视,数字人才不仅是专职从事IT工作的从业人员,更需要将企业内大量的业务人员、职能部门人员转变为具有数字意识和素养的人员;二是部分国有企业对数字人才的激励不足,在岗位体系、绩效考核和激励机制上不如民营企业灵活,很多企业没有系统性对数字人才进行规划,构建数字人才岗位序列和考虑激励制度;三是国有企业尚未建立数字人才的培养和赋能体系,企业外部知识获取渠道短缺,内部知识沉淀和共建共享不足,无法对员工开展创新赋能(朱诗悦,2022)。

(三)风险应对:信息安全体系存在痛点

国企承担了国家在军工、能源、电信、金融、交通等领域的关键信息基础设施的运行保障工作,一旦面临数据信息的安全问题,会严重威胁国民经济命脉,其数字化系统中的数据资产同样也关乎国家安全和民生福祉,因此,国企的数字化转型务必规避网络信息安全风险,对数字化升级的可靠性和业务连续性提出了较高的要求。有些国有企业选择将数字化转型升级的业务外包,一些外部供应商与国企数科公司相比,具有更先进技术、更高研发效率和更加成熟的市场化运作机制的优势,但也具有更高的数据安全风险。以档案数字化外包为例,档案实务部门出于对成本、效率及质量等的综合考虑,选择将档案数字化业务外包给档案市场服务机构,但是档案数字化业务外包会在数据存储、数据挂接和数字化成果验收方面存在较为突出的信息安全风险。

五、政策建议

(一)战略推动:组织升级

数字化转型不是对企业的零散修补,而是全方位的深度变革,涉及企业全生命周期的所有内容。如果缺乏顶层设计,在转型过程中也就将缺少目标指引和制度保障,从而拖慢企业数字化转型的步伐,甚至会走向失败。

企业需要明确数字化转型的战略定位和目标,将其作为企业发展战略的核心内容,结合自身特点和优势,制定符合实际的转型路径和步骤,注重产品服务创新和新赛道布局,提升转型价值效益。同时也要深化管理机制优化变革,加强顶层设计和组织领导。完善配套政策和制度设计,推动组织结构调整和优化,激励机制改革和文化重塑。在战略推动的过程中,要强调长期主义,国有企业行业属性及各自转型特性与需求不同,数字化转型先进企业的成功经验难以直接复制,大多数国有企业的转型过程必然是"摸着石头过河"的缓慢发展状态,需要探索出一条适合自身发展的数字化转型之路。

因此,相比一般企业,国有企业通常覆盖多元产业,组织层级繁多、人员数量庞大且管理结构复杂,数字化升级面临更大的挑战和难度,需要全面考虑组织、人才等多方面因素。具体实践中,在做实"一把手"责任制的同时,将数字化运营成效纳入领导干部考核参考指标,梯次化、分阶段设计考核指标,在"一利五率"考核要求基础上,以"先期重效率、远期重效益"的原则,弹性设计差异化、特性化考核目标和考察期限。建立长期主义的考核体系,逐步强化数字化投入及成效考核权重,增加数字化投资力度、人才培养、标准制定和国有数据资产保值增值等指标(李红五等,2023)。

(二)关怀文化:有温度的管理

数字化时代员工的离职率相比之前有明显提高。在职业发展方面,更多的员工选择"忠于专业",这要求组织文化在建设和落地过程中要强调灵活性、适应性,倡导凝聚力的同时也要尊重员工的个性,对组织各层次、各部门、各群体形成的亚文化采取更加包容开放的态度。

1. 管理挑战:员工压力与反抗

大数据时代使得人与人之间的沟通距离和成本正在逐渐趋近于零,这得益于信息的对称和透明度的提高。这一趋势为员工提供了更广泛的表达空间,使他们能够更自由地传达个人情感变化和价值诉求。这种自由的表达不仅在个体层面上产生影响,更在员工社区中促使形成共识,为企业创造了更加积极和协同的工作氛围。但是从另一角度看,不适应企业文化,感觉受到禁锢、工作满意度低的员工可能在个人的网络交往范围内表达自己的不满不快,这种消极的情绪不仅会得到社会网络内的呼应,也会传染到其他员工。

2. 管理趋势：柔性文化与有温度的领导风格

在企业的人力资源产品与服务的研发设计和提供方面，关注员工的情感需求和价值实现需求显得尤为重要。理解员工的情感状态，迎合其个性化的需求，有助于建立更紧密的员工关系，激发潜在的创造力和工作热情。企业应当在研发设计过程中注入更多关怀和关注，以确保人力资源产品和服务能够真正满足员工的情感渴望和价值诉求。通过更加精细化地关注员工的情感需求、价值实现需求，不断提升人才对人力资源产品与服务的价值体验。

除了情感关怀，组织也需要营造学习型组织文化，学习文化是企业数字文化的重要部分，是数字化各类人才应当深刻认同并积极实践的文化。在打造学习型企业文化的过程中，管理者要加强自身对数字化转型知识的学习，深化对数字化转型的认知，了解数字技术与实体经济融合发展的规律特征；要向员工分析解释数字化战略，鼓励员工参与数字化转型变革，从一线或者业务视角为转型提出建议；要培养员工的学习意识，关注团队知识沉淀和共同学习，在数字化情景中引导思考和学习行为。

（三）人才培养：胜任力升级

1. 培养前提：员工对数字化变革的支持

"杨三角理论"将组织能力建设分解为员工能力、员工思维、员工治理三个维度（程小杰，2013）。数字化转型企业的人才培养方向，也可以从能力与思维方面进行探索。其中数字化思维更多强调员工对组织数字化变革的态度，这影响着数字化战略的推动和落地，如何消除或减少一线员工的抵抗心理，认可企业数字化转型的前景，离不开激励机制和赋能机制。激励机制更侧重数字化工作情境中员工的薪酬福利水平；赋能机制需要通过对员工知识技能的培养，实现灵活运用数字化工具提高工作效率和业绩，而不是囿于数字化系统带来的工作负担和技术压力。

2. 培养指南：数字化领导人才和数字化应用人才胜任力模型

有学者认为领导型人才和桥梁型人才是企业关注和培养的重点（杨国安，2021）。从人才分类来看，这对应着数字化领导人才和数字化应用人才的定义，数字化领导者是战略的推动者，数字化应用人才是战略的落地者和技术应用者，已有研究中通过胜任力模型搭建,使这两类人才的画像更加清晰,也为人才的吸引、保留和作用发挥提供了重要的评价框架。

人才胜任力模型为数字化转型中的企业招聘、评价、培训人才提供了科学的工具,同时在数字化时代,数字化发展程度较高的企业可以基于数据的管理和应用,设计和修正关键岗位人才的胜任力模型,基于数据对在职员工的可观测行为特征、工作绩效等数据进行分析,得到基于本组织甚至是本团队实证数据的素质模型。比如,组织的管理者可以看到员工在工作系统中的行为,通过内部网络服务器可以对员工日常工作的互联网行为进行了解,在合法的前提下,组织可以存储、读取和运用这些信息,可以分析不同绩效等级的员工在实际工作行为中的差别,并可以对岗位调动、主动辞职等人员变动进行追踪和溯源,进而为员工的招聘、培训、绩效沟通等提供有效的信息。

3. 培养方式:内外协作拓展路径

数字化时代,敏捷的信息环境和线上交流为人才培养拓展了路径,大数据也为人力资源管理提供了新的手段,有效利用数字还会提高员工的工作效率,提升员工的知识技能水平,服务于企业的人才效益,企业需要创新人才培养发展路径。

数字化时代丰富了组织进行培训的手段,包括网络课程、在线应用软件等,除了大量的开放式网课,组织可以根据自身的需求给员工提供付费课程的支持,或者与学校等机构进行合作开发企业内部的网络课程,提供定制化的学习,打破员工学习的时间、地点限制,并对学习效果、学习时间等通过网络后台数据进行考核。值得一提的是,在开发课程之前,对培训需求的分析也可以根据员工在给各类课程中的参与度、互动率等数据进行分析,使得员工的培训开发更具有针对性。

4. 培养考核:数字化平台赋能

国有企业的数字化转型使大数据的普遍应用成为可能,基于大数据的记录和处理,组织可以更加精准和灵活地考核员工的工作绩效和对团队组织的贡献。海尔公司自主经营体的模式便体现了应用数字化考核的便利性和透明性,每个自主经营体都相当于一个独立核算的公司,自主经营体的收益中会核算每个支持部门(包括人力资源等职能部门)的贡献,可以体现所有和业务相关的台前幕后员工的贡献。

数字化时代,基于算法的全面性、即时性、互动性等特点,组织进一步拓展了对员工工作表现、工作绩效相关数据的获取广度、获取频率、获取数量,相关部门和管理者可以通过对数据的深入分析进一步完善考核标准体系,同时尝试预测员工未来的行为和绩效,并在实践的过程中与真实的业绩和行为进行比较,不断调整测算的准确性。同时,利用获取到的信息和对未来的预测,管理者可以和员工更有针对性地进行绩效沟通,帮助员工认识自身绩效短板,也为组织人才管理和赋能提供了更为科学的"望远镜"。

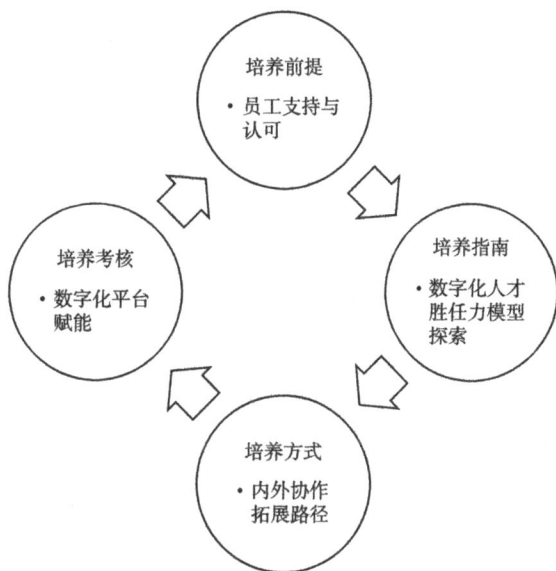

图9.5 国有企业数字化人才培养思路

第三部分

重点人才类型

⬤ 第十章　科技人才①

一、引言

国有企业是我国实现经济高质量发展、构建新发展格局的牵引力量,也是完善国家创新体系、加快建设科技强国、实现高水平科技自立自强的核心(王媛和任嘉卉,2023)。近年来,国有企业不断在关键核心技术攻关取得重大突破,在航天、深海、能源、交通、国防军工等领域取得了一系列重大科技成果(王媛和任嘉卉,2023),彰显了国有企业科技创新主力军的地位,为大力推进现代化产业体系建设,加快发展新质生产力提供了重要支撑。2024 年 3 月,国务院国资委按照"四新"(新赛道、新技术、新平台、新机制)标准,遴选确定了首批以国有企业为主体的启航企业,重点布局人工智能、量子信息、生物医药等新兴领域,目的在于加快新领域新赛道布局、培育发展新质生产力。而国有企业科技创新的关键在于培育了一批科技领军人才队伍和一流的创新团队。科技人才是指有品德有科技才能的人、有某种特殊科技特长的人,是掌握知识或生产工艺技能并有较大社会贡献的人(李燕萍和刘金璐,2018)。截至 2022 年末,我国国有企业拥有专职研发的科技人才 104.5 万人,占全国专职研发科技人才总数的 1/5;拥有两院院士 231 名,占全国两院院士总数的 1/7。这些国企科技人才作为科技创新的实践主体,其创新行为的量、质、效不仅直接影响着企业的创新力、竞争力、影响力及防范化解风险能力(王媛和任嘉卉,2023),更是发展新质生产力的核心

---

① 本章部分内容发表于《决策咨询》2024 年第 6 期。

要素。因此,现代新国企应更大力度深化科技人才发展体制机制改革,用好用活科技人才,充分体现人力资本的价值,全面提高科技人才的自主培养质量,最大限度激发科技人才创新创效活力。

党中央提出的科教兴国、人才强国、创新驱动发展战略,就是要通过深入实施人才强国战略,实现我国的科技创新和科技自立自强,从而驱动经济社会高质量发展。然而当前,国有企业科技人才发展体制机制还存在一些与人才强国战略不相适应的"多年困扰、反映强烈"的突出问题。比如,国有企业内部较大程度上仍存在"官本位"文化,尊重科技创新创造的生态环境有待进一步加强;国有企业内专业化和职业化的人才管理队伍缺乏,科技人才保障力度有待加大和完善等(姚心仪、朱天聪和张虎翼,2023)。这些问题成为国有企业实现技术突破、激发创新活力、形成新质生产力的堵点和卡点,因此需要进一步探索国有企业科技人才的管理机制与方案。

现有研究通过回顾科技人才政策的变迁与动向,发现科技人才政策发展趋势呈现出由"单一"到"多元",从"科技进步"到"自主创新"等特点,提炼和归纳出科技人才管理的四大维度,包括科技人才流动与吸引、科技人才选拔与培养、科技人才评价与激励、科技人才安全与保障(李欣、马文雅和林芬芬,2023;张洋等,2024;谭玉、吴晓旺和李明雪,2019;李燕萍等,2019)。较多研究聚焦于科技人才评价与激励维度(谭玉、吴晓旺和李明雪,2019),发现在科技人才评价上具有突出分类评价、需求导向、年轻化导向、地域导向和全面发展导向等特点(张洋等,2024),同时也存在一些难以解决的问题与挑战,比如管理部门行政干预较多,科学共同体作用发挥不足,制度建设不完善,评价过频过繁,科技人才潜心科研受到干扰等(徐芳等,2023)。为此,学者们提倡加强国有企业科技人才激励机制构建,例如,王媛和任嘉卉(2023)建议新时期国有企业应深入了解不同年龄岗位科技人才的现实需求,以"物质+精神"双轮驱动构建精准化、多样化科技人才激励机制,全面激发科技创新内生动力。另外,在科技人才的选拔与培养方面,学者们通过分析科技人才的成长特征(黄涛和王慧,2023;王剑斌等,2023),科研产出特征(张奔、王晓红和赵美琳,2024)与成长环境的差异性(汤超颖、徐家冰和毛适博,2024)等特点,从资助策略优化(陈瑞飞等,2023;王剑斌等,2023)、人才素质模型构建(陈小平和萧鸣政,2023)、体系化培养制度建立与完善(芮绍炜、康琪和操友根,2023)等多视角提出应对策略。在科技人才的流动与吸引方面,有研究发现,生存保障、工作氛围、科研支持和科研实力是影响人才流动的外部环境因素,家庭生活和个人情感是影响人才流动的内部驱动因素(王腾等,2024);区域一体化政策在一定程度上促进了区域人才向中小城市聚集(柳美君等,2024)。也有研究发现,科技人才集聚对地区碳排放具有显著抑制作用(殷凤春、田楠楠和严翔,2023)。

总体来看,学术界和实践界侧重于关注科技人才的培养、使用、激励等方面,而在战略与规划方面、人才保障等方面的研究还比较欠缺。因此,明确和辨析国有企业科技人才管理现状和问题,探索其改革方向,就显得十分迫切与必要。基于此,本章通过梳理国有企业科技人才管理中存在的突出问题,在深入剖析实践困境内生逻辑的基础上,提出国有企业科技人才管理的政策建议,以期为科技人才研究提供补充,也为国有企业更好地发掘科技人才价值、发挥科技人才潜能提供理论参考。

二、相关政策与文件

当前,国际科技竞争加剧,科技人才政策作为科技人才资源开发的重要依据,对于推动科技人才事业发展有着关键作用。党的二十大报告提出,"实施更加积极、更加开放、更加有效的人才政策"。因此,有必要对现有科技人才政策内容进行梳理和总结,归纳出科技人才政策的焦点议题和动态变化过程。

自改革开放以来,中国科技人才政策发布数量总体上呈现增长态势(李欣、马文雅和林芬芬,2023)。2012 年以来,国家发布的科技人才政策超过 300 项,超过 2012 年之前的发文数量总和,这表明国家对科技人才工作越来越重视(李欣、马文雅和林芬芬,2023)。近年来,中国科技人才政策涉及科技人才发展的各个方面,以人才选拔和培养、人才评价和激励为主。比如,2017 年中共中央办公厅、国务院办公厅印发《关于深化职称制度改革的意见》,强调将科研成果取得的经济效益和社会效益作为职称评审的重要内容,实现职称评价结果与各类专业技术人才聘用、考核、晋升等用人制度的衔接。2018 年《关于分类推进人才评价机制改革的指导意见》首次将科技人才划分为基础研究类、应用研究和技术开发类、社会公益研究类三种类别,并指明不同类别的科技人才在评价内容上的差异性。同年,《关于深化项目评审、人才评价、机构评估改革的意见》要求改进科技人才的评价方式,突出中长期目标导向,建立中长期绩效评价制度。2021 年《关于支持女性科技人才在科技创新中发挥更大作用的若干措施》完善了女性科技人才评价激励机制,加强女性后备科技人才培养和女性科技人才基础工作。2022 年《关于开展科技人才评价改革试点的工作方案》推动落实科研单位自主权,在科技计划项目评审、科研机构绩效评价、科技人才计划评选中破除"四唯",突出创新价值、能力、贡献导向。2023 年中共中央办公厅、国务院办公厅印发《关于进一步加强青年科技人才培养和使用的若干措施》,支持青年科技人才在国家重大科技任务中"挑大梁""当主角"。

总体来看,我国科技人才政策具有以下几点特征:①由政府主导转为多方协同推进。减少了政府直接干预人才政策的比重,更加注重市场的作用,提高政策的激励效果。②政策内容更加具体,针对性更强。科技人才政策包括人才流动、选拔、评价、激励和保障等方面。之前,政策主要是一些笼统性的意见,而从2013 年开始,针对科技人才的具体评价与激励政策开始出现,并对不同职业和岗位的人才进行分类评价。③从权力的高度集中到权力的下放,科研机构和科研带头人获得了更多的自主权,这一转变旨在提高科研工作的效率和创造力,同时激发科技人才的工作热情和创新精神。

表 10.1　近年我国科技人才相关主要政策法规

时　　间	发文机关及会议	政策法规	主要内容
2016 年	中共中央	《关于深化人才发展体制机制改革的意见》	改进科技人才培养支持方式
2016 年	中共中央、国务院	《国家创新驱动发展战略纲要》	加快建设科技人才队伍
2017 年	中共中央办公厅、国务院办公厅	《关于深化职称制度改革的意见》	职业道德,经济效益,社会效益,考核结果运用
2018 年	中共中央办公厅、国务院办公厅	《关于分类推进人才评价机制改革的指导意见》	中长期目标导向,延长考核周期,代表性成果评价,人才分类评价,团队评价
2018 年	中共中央办公厅、国务院办公厅	《关于深化项目评审、人才评价、机构评估改革的意见》	项目评审管理,中长期绩效评价机制,科研机构评估制度,监督评估体系,科研诚信体系

续上表

时　　间	发文机关及会议	政策法规	主要内容
2018 年	科技部、国务院国资委	《关于进一步推进中央企业创新发展的意见》	加大创新型科技人才的培养、引进力度,培育高水平战略科学家和具有创新精神的企业家,共同推动中央企业科技人才队伍建设
2019 年	中共中央办公厅、国务院办公厅	《关于进一步弘扬科学家精神加强作风和学风建设的意见》	崇尚学术民主,坚守诚信底线,反对"圈子"文化,减轻人才负担
2020 年	科技部	《关于破除科技评价中"唯论文"不良导向的若干措施（试行）》	分类考核评价,创新质量和综合绩效,支撑服务能力,使命完成情况,科学精神、能力和业绩
2020 年	党的十九届五中全会	《中共中央关于制定国民经济和社会发展第十四个五年规划和 2035 年远景目标的建议》	明确将"创新能力、质量、实效、贡献"作为健全科技人才评价体系的导向
2020 年	科技部	《中国科技人才发展报告 2020》	加强科研攻关,开展科技领军人才创新驱动中心建设试点,科技扶贫行动
2021 年	国务院办公厅	《关于完善科技成果评价机制的指导意见》	同行评议,行业用户和社会评价,破解"四唯",信息化评价工具,建立成果评价与转化行为负面清单,完善尽职免责规范和细则
2021 年	国务院国资委	《中央科技型企业实施分红激励工作指引》	岗位分红激励,项目收益分红
2021 年	国务院国资委	《董事会试点中央企业董事报酬及待遇管理暂行办法》	外部董事履职费用实行预算管理
2021 年	科技部等十三部门	《关于支持女性科技人才在科技创新中发挥更大作用的若干措施》	高层次女性科技人才,创新创业,评价激励机制

续上表

时　　间	发文机关及会议	政策法规	主要内容
2022 年	科技部等八部门	《关于开展科技人才评价改革试点的工作方案》	人才评价体系,科研单位自主权,突出创新价值、能力、贡献导向
2022 年	人力资源和社会保障部办公厅	《国有企业科技人才薪酬分配指引》	岗位评价,职级评定,绩效管理,当期薪酬,中长期激励,绩效薪酬,股权型激励,现金型激励,创新型激励
2022 年	国务院国资委	《中央企业合规管理办法》	完善违规行为追责问责机制,强化违规行为评价结果运用
2023 年	国务院国资委	《关于开展第一届中央企业优秀科技领军人才、优秀创新团队、优秀青年科技人才和技术能手评选表彰工作的通知》	对科技人才予以表彰
2023 年	中共中央办公厅、国务院办公厅	《关于进一步加强青年科技人才培养和使用的若干措施》	党的全面领导,青年科技人才"挑大梁""当主角",科研业务费,国际科技交流合作,人才生活服务保障

三、国有企业科技人才管理现状分析

党的二十大提出要加快实现高水平科技自立自强,国有企业作为科技创新的主力军,近些年坚持把创新摆在突出位置,加强科技人才考核、资本投入等政策支持,加快锻造国家战略科技力量。通过科研项目、博士后工作站、博士后流动站及产学研联合培养等方式,国有企业持续培育和储备科技人才。经过摸索实践,国有企业科技人才评价体系在原则、方式及标准上日趋完善,采取长期激励、精神激励与物质激励相结合的方式激发科技人才创新活动的积极性,有效促进科技人才队伍建设,提高科技创新能力(李燕萍和刘金璐,2018)。

然而,随着新一轮科技革命和产业变革的兴起,全球科技竞争日益加剧。发达国家纷纷强化基础研究战略部署,我国建设世界科技强国、抢占科技发展制高点的任务更加紧迫,其关键就在于培养一流的科技研究人才队伍(邢涛、陈军和马龙,2023)。部分国有企业在科技人才的吸引、培养、激励、评价等方面还有一定的进步空间,具体表现在以下几个方面。

(一)人才结构不尽合理,海外引进的高层次科技人才数量不足

部分国有企业人才引进匹配机制供需对接不精准,出现人员结构性短缺的问题。高素质的人力资本资源是国有企业抢占科技革命制高点的重要依托,也是形成国企新质生产力的内需潜力和发展动能所在。但需要看到的是,虽然国企科技人才队伍规模在世界上首屈一指,但部分创新型科技人才结构不尽合理,特别是重大科研项目、重大工程等领域领军人才不足,创新型和应用型科技人才贮备严重短缺。产业需求如何精准反馈到人才供给端,如何对高端人才精准定岗等仍待破题。人才"引不进来、引而不用、引岗错配"成为制约部分国企科技人才引进的梗阻。

在海外高层次人才引进中,主要专业集中在生物学、化学、物理学等基础学科,但在重点产业和科技攻关领域,如新一代信息技术、人工智能、生物技术、新能源、新材料、高端装备等,海外引进的高层次科技人才数量有限(苏中兴和周梦非,2022;于海波,2023)。这些重点领域的人才缺失会造成关键技术的"卡脖子"难题,从而阻碍企业形成新质生产力。

(二)人才的原始创新能力培养薄弱,高水平科技人才较难满足社会发展需求

党的十九大报告提出,"培养造就一大批具有国际水平的战略科技人才、科技领军人才、青年科技人才和高水平创新团队"。这表明积极打造国家战略人才力量、培养一批高水平科技人才是国家创新活力之所在,也是科技发展希望之所在。然而,部分国有企业在科技人才的原始创新能力与高水平创新能力的培养方面还比较薄弱,基础研究人才和战略性新兴产业人才的培养力度与世界一流企业存在一定差距(胡一翔,2023)。纵观谷歌、苹果等国际创新型企业,无不高度重视科技创新人才培养的科学性与系统性,确保能深层次激发科技创新人才的创新创造潜力。与之对比后发现,部分国企在创新型科技人才培养方面的问题主要体现在以下两点:第一,培养形式传统固化,国有企业在近年来不断加

大科技创新投入,助力打造未来的"独角兽"企业和科技领军企业,这对人才培养提出更高要求,传统的人才培养方式在适用性、创新性、系统性和战略性等方面存在一定不足,束缚了人才培养战略的调整优化;第二,培养内容保守落后,部分国有企业的培养内容未能按照"四新"(新赛道、新技术、新平台、新机制)标准,距离新质生产力方向有距离,人才培养体系难以适应新时期高水平科技人才的培养需求。因此,当前国有企业科技人才培养与发展政策前瞻性不足,科研人员开展原创性科技创新的积极性、主动性、创造性还没有被充分激发出来,导致高水平科技人才供给无法满足需求,也难以满足未来产业和社会发展的需要(陈凯华、郭锐和裴瑞敏,2022)。

(三)人才评价多元化不足,人才评价的数字化与公平性有待提高

人才评价是激励人才干事创业的重要导向,国有企业在积极创新科技人才评价方式,但现有评价仍然面临一些难题,主要表现在以下三个方面:第一,部分企业评价标准不够精准。科技人才的工作绩效由于具有隐蔽性而难以被测量,因此有些企业缺乏专门针对科技人才的评价方法,或者没有依据岗位职责制定关键绩效指标。第二,部分企业评价方式不够多元。由于缺乏分类评价,部分企业存在"平均化主义",未能根据岗位特点进行多元化的人才评价。同时,部分国有企业在对科技人才进行绩效管理时,数字化工具运用不足,不仅影响了评价的准确性,也浪费了科技人才的时间和精力。第三,评价结果运用不足。部分国有企业没有有效实施绩效评价结果反馈,导致科技人才无法清晰地认识个人绩效,进而影响其工作进度。同时,一些国企没有将科技人才的绩效考核结果与他们的薪酬调整、精神奖励、职位变动、培训开发紧密结合起来,出现"考与不考一个样"的不公平现象,继而降低人才的工作积极性(李艺凡,2024)。

(四)"官本位"文化仍在,需要更多倡导百家争鸣的学术争论氛围

由于长期受传统文化影响,以及受内部的官僚制层级结构制约,部分国有企业内部"官本位"文化和复杂的人际关系现象依然存在。这种文化环境在一定程度上限制了科技人才的创新和批判精神。此外,有些国有企业科技人才在学术界的交流与参与度较低,与科研院所、学术机构的交流机会比较匮乏,不利于形成百家争鸣的学术争论氛围,阻碍科研人才获取前沿学术思想和技术,进一步

影响了他们在工作中的科技创新。

四、政策建议

从世界先进经验来看,企业应该成为科技创新的前沿阵地,而国有企业在中国具有特殊地位,更应该在科技创新的战场上发挥主力军的作用。

(一)系统构建全球化科技人才战略,加快建设国有企业科技人才中心和创新高地

加强全球化人才战略的顶层设计,是促进海外引才规范化的前提和保证(苏中兴和周梦非,2022)。首先,拓宽引才渠道。建立与国外高水平科研和人才培养机构的联系。可以通过多种方式与海外科学家建立联系,如学术交流、科研讲座和技术指导等,同时设立高水平实验室、研发中心和博士后工作站等,以提升对高层次科技人才的吸引力。其次,提高引才精准性。围绕科技创新需求和产业发展战略制定海外人才引进目录。建立全球科技人才信息库和制定人才地图及引进战略,针对重点科技领域深入调研全球高层次科技人才分布情况。最后,增强引才灵活性,树立"不求所有、但求所用"的柔性引才观念。探索更为开放灵活的引才策略,鼓励海外高层次科技人才来华短期工作交流或以其他方式参与学术交流和技术指导,形成全球高端智力资源的柔性聚集机制。

(二)推行人工智能与人才培训融合发展战略,培育具有战略性的高水平科技人才

一方面,随着国有企业数字化转型加速推进,人工智能、大数据、云计算等新一代数字技术被广泛应用,国有企业可以精准识别新型科技人才需求缺口,利用人工智能等数字化技术对科技人才的培训与发展进行升级,及时评估科技人才培养政策与措施的实际效果,为调整和优化人才培养战略提供科学依据,最终助力实现人力资本价值。另一方面,为更好地支撑高水平科技自立自强,必须突出培养造就"高精尖缺"人才,进而强化国有企业作为国家战略人才力量和国家战略科技力量的主力军作用。具体而言,首先,国有企业在产学研合作中应发挥主导作用,通过与高校、科研院所联合申报国家项目,深化产学研合作,培养出具备核心技术和创新能力的科技领军人才。其次,推动青年科技人才"挑大梁",国有企业在重要项目的开发和研制过程中,可以采取竞聘制、揭榜挂帅等方式,支持德才兼备、素质优良的青年科技人才的参与或主导,破除制约青年人才科技创新的藩篱,进而为锻造国家战略人才力量提供基础与保障。再次,提升科技人才培养的国际化程度,支持与全球高水平大学和世界知名跨国企业合作培养人才,共同发起科技交流和人才合作培养项目,培养一批具有国际视野、开拓创新精神、熟悉国际商业规则的优秀科技创新人才。

(三)优化科技人才发现、使用和评价机制,用好用活国有企业科技人才

2022 年,人力资源和社会保障部办公厅印发的《国有企业科技人才薪酬分配指引》中,明确国企科技人才的岗位评价要素包含知识技能、创新、劳动强度、市场稀缺等。因此,完善创新型科技人才评价、激励和服务保障体系是关键举措,国企科技人才的考核评价应更加注重其创新能力、质量和贡献,加大长期激励力度,形成并实施有利于科技人才潜心研究和创新的评价制度。为了确保评价的公正性和客观性,可以考虑引入市场、用户和专家等第三方深度参与评价。其次,对于青年科技人才,评价机制应该更加注重公平和开放。破除门槛和限制,鼓励年轻人参与竞争,减少行政干预,营造一个宽松的环境,激发年轻人科技创新的积极性与主动性。同时,青年科技人才需要更多的机会和平台来展示自己的才华,比如通过举办科技竞赛、创业大赛等方式,让更多有潜力的年轻人得到关注和支持。因此,加快形成有利于青年人才成长的培养机制、有利于人尽其才的使用机制、有利于竞相成长各展其能的激励机制、有利于各类人才脱颖而出的竞争机制,培植好人才成长的沃土,让人才根系更加发达。

(四)优化国有企业科技人才发展环境,营造尊重人才、崇尚创造、鼓励探索、宽容失败的创新氛围

党的二十大报告提出,要"坚持尊重劳动、尊重知识、尊重人才、尊重创造"。国有企业要为科技人才建立更加自由、开放、包容的科研环境,鼓励科技人才大胆创新不怕犯错,逐步形成广纳群贤、竞争择优、能上能下、能进能出、充满生机与活力的用人氛围。组织的宽松氛围有利于充分发掘高潜力的科技人才,而容错性低的组织氛围则有可能削弱员工的主动性和创造力。有研究发现,组织严

厉的惩罚性制度会抑制员工的创新行为(杜鹏程等,2015)。这是因为个体感知到较高的差错反感文化之后,会产生更低的创新自我效能感,也难以嵌入工作中,因而负面影响员工创新行为。因此,优化国有企业科技人才发展环境是推动科技进步和经济发展的关键。要营造尊重人才、崇尚创新、鼓励探索、宽容失败的氛围,需要采取一系列措施。首先,国有企业应加大对科技人才的财政投入和人文关怀,提供更好的发展空间和机会,建立起完善的长效激励机制。其次,国有企业应该将容错机制落实到位,让科技人才敢于创新。最后,政府和社会也应加强对科技人才的支持和保障,提高其社会地位和影响力。通过这些措施,可以培养出高素质、高水平的科技人才队伍,为科技进步和经济发展作出贡献。

第十一章　国企干部

一、引言

国有企业干部作为国有企业管理中的关键一环,是组织的核心人力资源,肩负着传承组织文化、承载组织战略、带队伍培养人才的重要使命与责任,构建系统的干部管理体系是打造国有企业组织能力、激活人才队伍的关键抓手,对于推动国有企业深化改革,实现高质量发展具有非常重要的意义。可以说,国有企业干部管理事关企业经营发展成败。

本章主要介绍国有企业干部管理。干部是在组织中担任一定管理工作的核心人才,履行计划、组织、沟通、协调、调控和激励职能。作为组织中的关键成员,对战略的实现起着决定性作用(张小峰等,2020)。所谓国有企业干部,主要是指在国有企业中任职的干部。

二、国有企业干部管理相关政策规定

表 11.1　相关政策文件

时　　间	发文机关	政策文件
2009 年 7 月	中共中央办公厅、国务院办公厅	《国有企业领导人员廉洁从业若干规定》
2015 年 2 月	中央组织部	《关于加强干部选拔任用纪实工作的若干意见》
2015 年 7 月	中共中央办公厅	《推进领导干部能上能下若干规定(试行)》
2016 年 8 月	中共中央办公厅	《关于防止干部"带病提拔"的意见》

续上表

时　间	发文机关	政策文件
2018 年 5 月	中共中央办公厅	《关于进一步激励广大干部新时代新担当新作为的意见》
2018 年 5 月	国务院	《国务院关于改革国有企业工资决定机制的意见》
2018 年 9 月	中央办公厅、国务院办公厅	《中央企业领导人员管理规定》
2019 年 3 月	中共中央	《党政领导干部选拔任用工作条例》
2019 年 4 月	中共中央办公厅	《党政领导干部考核工作条例》
2019 年 4 月	国务院国资委	《中央企业负责人经营业绩考核办法》
2019 年 5 月	中共中央办公厅	《干部选拔任用工作监督检查和责任追究办法》
2020 年 1 月	国务院国有企业改革领导小组办公室	《"双百企业"推行经理层成员任期制和契约化管理操作指引》
2021 年	国务院国资委	《关于加大力度推行经理层成员任期制和契约化管理有关事项的通知》

三、国有企业干部管理现状分析

(一)国有企业干部管理现状

1. 党管干部

党管干部是国有企业干部的首要原则,也是中国特色社会主义干部管理之所以能成功的根本保证。所谓党管干部,就是要将政治思想建设贯穿干部管理全过程。坚决维护习近平总书记党中央的核心、全党的核心地位,坚决维护党中央权威和集中统一领导。坚持和加强党的全面领导,增强"四个意识",坚定"四个自信",践行新时代党的组织路线,贯彻新时期好干部标准,树立正确选人用人导向。国有企业贯彻实施党管干部原则,可以为国有企业现代化改革指引正确方向、充分发挥企业党组织政治核心作用、有利于国有企业人才队伍建设健康发展,同时也与建立现代企业管理制度的内涵统一(孙明睿,2022)。

国有企业干部管理具有行政和市场双重性。大型国有企业尤其是中央企业,其高层干部的任命往往由中组部、国务院国资委等任命,并且可以和政府机关的干部交流任职,具有明显的行政特性;中基层的企业干部一般来自内部选拔,也可以从市场选聘,按照契约化管理,强调干部能上能下,薪酬能增能减,更加具有市场选择性(牛学慧等,2023)。

2. 干部规划和盘点

对于国有企业而言,干部规划应该至少包括两方面内容。一方面是结合企业自身的发展战略和规划,明确本企业需要什么样的干部。这里要抱持长远眼光,不仅基于企业当前发展需要,更是基于企业未来5~10年发展需求,明确企业需要的干部类型。一个需要提示的点是,在国有企业干部规划中,既要注重外在的显性标准:学历、年龄、基层经验等,也要注重隐性标准:政治能力、专业能力、经营能力等(张小峰等,2020)。另一个方面是结合干部盘点的结果,即目前本企业干部队伍情况,明确企业还缺少什么样的干部,从而对接下来要重点提拔、培养、选聘什么样的干部做到心中有数。干部盘点是干部规划的基础,关注的是目前有什么样的干部。干部盘点一般可以1~2年或者2~3年开展一次。人才盘点时常用的九宫格法,可以通用于干部盘点,通过业绩和潜力两个维度,每个维度分为高、中、低三个水平,将国有企业干部划分在九个方格内。业绩高、潜力大的作为超级明星,需要设计快速晋升通道,给予多岗位锻炼的机会,帮助干部迅速成长。

国有企业进行干部盘点时,需要依托干部人事档案,主要包括"三龄两历"(年龄、工龄、党龄,最高学历和学习经历)、任职资格评审记录、职称、绩效考核情况、奖惩情况等。另外,国有企业干部规划一个比较有特色的地方是干部职数或编制管理。国有企业的干部都是建立在对应的组织机构上的。所以,干部规划不仅要与干部盘点结合,还要与组织的盘点和规划结合起来。正职由于其唯一性,一般都需要根据机构或部门的数量确定。副职的职数确定方式则较为多样。一般而言,人数和业务规模是确定副职职数或编制时常用的两个指标。例如,对于人数达到10人或者业务规模达到1 000万元的部门,可以配备一正一副;对于人数达到15人或者业务规模达到1 500万元时,可以配备一正两副。这样,结合企业一段时期内部门数量规划及各部门人数、业务规模的预计,就可以匡算出干部总量。结合具体部门业务需求,就可以粗略计算各类型干部的数量,从而进行有计划、有目的的选拔培养。

当然,职数或编制也不是一成不变的,而是需要结合企业的发展进行动态调整。特别是目前,企业发展日趋扁平化,即便是科层制较为盛行的国有企业,也越来越倾向于缩减层级、精简机构,这不可避免地给干部管理带来了极大的挑战。一方面,机构精简带来缩编压力,如何在职数有限的情况下,更好地激励年轻员工保持奋斗的热情?对于原有干部应该如何安置退出?另一方面,机构压缩、职数稀缺的情况下,如何选优配强领导班子,发挥职数的最大效能?这些都是新时代国有企业干部管理面临的挑战。

3. 干部选拔

干部选拔是干部管理的核心环节之一。能否选拔出符合企业发展需要的干部,做到人岗相适,对于国有企业发展具有深远影响。《党政领导干部选拔任用工作条例(2019年版)》是中央对干部选拔任用的一个指导性文件,明确了选拔任用的原则、条件、流程等一系列重要规定。

(1)干部选拔标准。不同企业对于领导干部的选拔标准不同,但国有企业干部选拔不变的是都需要执行新时期好干部20字标准,即"对党忠诚、勇于创新、治企有方、兴企有为、清正廉洁"。

(2)选拔需要遵循的原则。为了建立科学规范的党政领导干部选拔任用制度,形成有效管用、简便易行、有利于优秀人才脱颖而出的选人用人机制,《党政领导干部选拔任用工作条例(2019年版)》明确选拔任用党政领导干部,必须坚持党管干部;坚持德才兼备、以德为先,五湖四海、任人唯贤;坚持事业为上、人岗相适、人事相宜;坚持公道正派、注重实绩、群众公认;坚持民主集中制;坚持依法依规办事。

(3)干部选拔方式。国有企业干部选拔的方式在不断创新和完善。目前,常用的有组织选拔、公开选拔、竞争上岗等。为了规范国有企业干部选拔流程,中组部对干部选拔流程,进行了明确的规定。

以组织选拔为例,一般包括以下几个环节:①提出工作方案。党委组织部进行动议分析,在一定范围内进行沟通酝酿,提出提名人选,形成工作方案。②确定考察对象。党委组织部组织考察组(2人以上组成)履行相应程序后确定考察对象。包括谈话调研推荐,考察组同考察部门人员进行谈话,了解推荐人选意向和推荐理由;会议推荐,召开推荐会,由考察部门主要领导主持,考察组提出有关要求,组织填写推荐表;确定考察对象,考察组对谈话调研推荐和会议推荐情况进行综合分析,确定考察对象。③考察。包括张贴考察预告;考察谈话,依据选拔任用条件,全面了解考察对象在"对党忠诚、勇于创新、治企有方、兴企有为、清正廉洁"方面的具体表现;民主测评,在考察对象工作部门进行;深入了解,根据工作需要,通过发放征求意见表、实地走访等方式,广泛深入了解考察对象的情况;同考察对象面谈,深化对考察对象的研判;评价反馈;核查把关,考察组应当听取机关党委、机关纪委的意见;提出任用建议。④党委集体讨论决定。⑤依法依规任职。包括公示,公示期不少于五个工作日;任职谈话和考试。

以竞争性选拔为例。实行竞争性选拔的初衷,是扩大选人用人视野,要按市场规律对经理层进行管理。例如,有的国有企业会实行干部人才库制度。按照与领导职数一定比例(一般比例不会过高),建立人才库。坚持好中选优、宁缺毋滥,切实提升干部选拔质量。同时,对干部库实行动态管理机制。对干部库中的人选要进行定期的分析和研判,实行优进拙退,对不符合标准的及时调整出去,并定期发现补充新的优秀人选。对于入库的干部则提供更多机会,有计划地注重培养使用。

4. 干部任用

干部不仅要选好,还要能用好,最大程度激发出领导干部的潜能。根据《党政领导干部选拔任用工作条例(2019 年版)》,选拔任用党政领导干部,必须把政治标准放在首位;树立注重基层和实践的导向,大力选拔敢于负责、勇于担当、善于作为、实绩突出的干部。国有企业在选拔任用干部时,要注意履行"一岗双责":领导干部既要对所在岗位应当承担的具体业务工作负责,又要对所在岗位应当承担的党风廉政建设责任制负责(牛学慧等,2023)。要注意严管和厚爱相结合,做好"三个区分开来"——把因缺乏经验先行先试出现的失误与明知故犯行为区分开来,把国家尚无明确规定时的探索性试验与国家明令禁止后的有规不依行为区分开来,把为推动改革的无意过失与为谋取私利的故意行为区分开来(张世飞,2017)。对于纪委书记等处于企业监督管理重要岗位的干部,一般还需要做到异地任职。所谓异地任职,一般是指因工作需要,由国有企业党委调派或提拔任职,且新任职单位与本人家庭居住地处于不同地级及以上城市的领导人员。

5. 干部监督

干部监督工作是一项系统工程,需要用"大监督"的思路谋划推进,提高监督效能。健全党统一领导、全面覆盖、权威高效的监督体系,防范有令不行、有禁不止。组织部门干部监督是党内监督的一个重要组成部分,也是组织部门自我完善、自我革命的一项重要制度安排。从内部看,干部监督工作要与干部教育培养、选拔任用、日常管理深度融合,贯穿教育培训、考核评价、选拔任用的全过程。从外部看,组织部门干部监督与纪检监督、审计监督互为补充、互相促进,共同织成严密的监督网络。

干部监督工作,需要紧盯关键人——"一把手"关键少数;紧盯关键事——权力运行机制,中央重大决策部署落实;聚焦关键处——权力集中/资金密集/资源富集岗位;聚焦关键时——如任前事项报告、任前提醒谈话等关键节点。

要实施有效的干部监督,要注意抓好以下几个方面:

(1)制度监督。认真落实党风廉政建设,坚持干部考评制度。夫妻关系、直系血亲关系、三代以内旁系血亲以及近姻亲关系要执行亲属回避制度。

(2)组织监督。切实把好干部推荐关、组织考察关、向党委建议人选的参谋关、党委的集体讨论决定关,真正把优秀人才选拔到干部岗位上来(张慧英,2010)。坚持民主集中制,认真落实"三重一大"制度。开好民主生活会,认真开展批评与自我批评,达到"红脸出汗"的目的。做好任前事项报告、"一报告两评议"、专项检查、离任检查、问题核查等上级党组织监督检查(龚新旺,2019)。

(3)群众监督。搞好民主评议干部。每年组织对干部的民主评议,并将结果作为干部任免升降的重要依据,做好重大事项报告。

6. 干部培养

干部培养的形式多样。一般较为常见的是课程学习。遵循"缺什么、补什么,需要什么、补什么"的原则,通过精心设计课程、针对性选择培训目标,达到提升能力的作用。另外,在干部培养上,近年来越来越强调训战结合、交流学习、轮岗学习等与实践更为紧密结合的培养方式。训战结合是说通过"培训支撑业务、业务丰富培训"以终为始的循环路径，将体验式、模拟式、实战式等新颖前沿的学习方式运用到对人才培训的项目中。干部培养要采取培训和岗位实践相结合、培训与工作实践不断循环的方式，提高干部的素质、能力、团队领导力，使其掌握管人管事管己的科学的学习与工作方法（张小峰等，2020）。交流学习则是通过组织在不同单位之间的交流（通常是半年、一年或两年等周期较长的交流），让干部在不同的单位开展工作，实现能力的提升。轮岗学习一般是对在某一岗位任职超过一定年限的领导人员强制要求变更岗位。包括同性质但不同专业之间的轮换，如在同一个部门内不同的处室之间轮换；同性质但跨地区的轮换，如从 a 分支机构的"一把手"轮换到 b 分支机构；关联性较强或者协同性较高的部门之间的轮换，如从 a 产品线到 b 产品线之间的轮换等。目的都是促进不同业务、机构之间的交流，让干部得到多岗位的历练，同时也能避免在某一岗位时间过长可能造成的廉洁自律风险。

除了基于对现有干部的培养，全面的培养体系还包括了后备干部计划。后备干部是国有企业干部预备队，一般按照领导人员职数的一定比例确定。在选拔后备干部时，要着眼长远，有意识地注意后备干部与现有班子成员在年龄、性格、专业结构、知识结构等方面的合理搭配，形成各有侧重、优势互补、老中青结合的后备干部格局。在对后备干部的培养方面，要立足当前、着眼长远，有计划有针对性地对后备干部进行多种形式的业务培训或实践锻炼。特别注意要丰富后备干部的阅历，积累管理经验，增强业务能力。对后备干部库进行动态管理，对于入选后思想懈怠、实绩不突出、发展欠佳或有其他问题的后备干部及时调整出库。

7. 干部评价

干部考核评价是干部管理的关键一环，发挥着指挥棒作用。国有企业要完善干部考核评价机制，绩效考核要能真正体现干部员工的价值贡献，让干多干少不一样。要避免一把尺子量所有，要结合岗位要求，实行差异化的指标设置，考核方法尽可能量化、简洁，提升科学性。干部的考核方式多样，包括平时考核、年度考核、专项考核、任期考核等。干部考核要突出日常考核，注重到基层干部群众中了解干部,及时掌握干部的全面情况。要统筹做好年度考核、专项考核、任期考核等,及时评价干部履职尽责、担当作为的情况。完善分类考核,还可以根据不同单位、不同岗位特点,实行差异化考核,针对性评价干部。

干部考核实行全流程管理,主要包括考核目标制定、考核实施、等级评定、结果运用、考核结果反馈与提升等环节。在考核目标的设定上,要注重对"德能勤绩廉"全方位考核。定性定量相结合,能量化的尽量量化。在考核等级的评定方面,为了避免"大锅饭"现象发生,越来越多的企业也会强调要实行强制分布,规定不同考核等级的干部比例,确保干好干坏不一样。要加强考核结果的运用,严格按照考核结果兑现薪酬,拉开差距;全面落实能上能下规定,激励干部担当作为;要把考核结果运用到干部选拔任用、职级晋升、教育培养、监督管理等各项工作中,有效发挥考核的"指挥棒"作用。最后还要注意结果反馈与提升环节。绩效考核的目的是要实现业绩和能力的提升。绩效改进和提升,是很多企业都会忽视的一环,却是收益最高的一环。通过辅导和沟通,明确改进的方向,一方面可以让考核结果更让人信服,另一方面也能帮助领导干部提升能力。

8. 干部激励

不同单位的国有企业领导干部薪酬结构有所不同。一般分为固定部分和浮动部分。级别越高,固定部分占比越低、浮动部分占比越高。越来越多的企业提倡领导人员实行年薪制,包括基本年薪、绩效年薪、任期激励等。绩效年薪与绩效考核等级、业绩水平等紧密挂钩。有的单位还会设置超额业绩奖励,对于超额完成业绩目标的人员给予额外激励。

领导人员的激励方式多样,除了物质激励,还包括荣誉激励、晋升激励等非物质激励。从时间维度,可以分为短期激励、中长期激励等。中长期激励主要是指股权、期权、项目跟投等。对于风险较高的一些金融企业,还要求领导人员绩效薪酬执行延期支付及追索扣回制度。当年的绩效不会一次性发放,会留一部分(一般要求正职在 50% 以上、副职在 40% 以上)在之后年度兑现。一般要求薪酬支付期限要与相应业务的风险持续时期保持一致,不得少于 3 年。另外,绩效薪酬还要执行追索扣回机制。如在规定期限内,出现职责内的风险损失超常暴露,有关机构有权将相应期间内已发放的绩效薪酬全部追回,并止付所有未支付部分。防止领导人员过于关注当前利益而忽视了企业的长期利益和风险,健全了与效益、风险相匹配的薪酬支付制度。根据党中央、国务院有关精神和《国有企业领导人员廉洁从业若干规定》(中办发〔2009〕26号)、《关于合理确定并严格规范中央企业负责人履职待遇、业务支出的意见》(中办发〔2014〕51号)的有关规定,还会对领导人员的履职待遇进行限定。

9. 干部退出

早在2015年,中组部就印发了《推进领导干部能上能下若干规定(试行)》,把推进领导干部能上能下作为全面从严治党、从严管理干部的重要内容。明确要坚持原则、敢于负责,做到真管真严、敢管敢严、长管长严。对不适宜担任现职干部,应区分不同情形,采取调离岗位、改任非领导职务、免职、降职等方式予以调整。对非个人原因不能胜任现职岗位的,应当予以妥善安排。在实际工作中,国有企业对精神懈怠、工作业绩差、群众公认度低的领导干部也需要进行调整,做到"能者上、优者奖、庸者下、劣者汰"。国有企业三年行动方案更是要求大力推行管理人员末等调整和不胜任退出,确保干部能上能下。

一般干部退出应当结合实际分类施策。据不完全统计,退出的方式可以包括到龄退出、转专业类人员、问责退出、考核罚退等。到龄退出是指领导干部距离法定退休年龄在一定年限范围内(通常为1~3年),可以退出领导岗位,按原岗位的一定比例取薪。转专业类,一般是指领导人员因身体原因、履职困难、家庭原因或不胜任管理岗位,而转为非管理类的人员,不再保留领导职务,而是按照正常专业类的员工履职管理。问责退出指因受到党纪政务处分、组织处理等退出领导岗位。考核罚退指因业绩平庸、不担当不作为而导致绩效考核结果不达标而产生的退出行为。

(二)部分国有企业干部管理存在的问题

1. 干部职数有限、晋升渠道狭窄

受职数的限制,国有企业员工一般呈金字塔分布,干部层级越高,人数越少。越往上,晋升渠道狭窄的问题越明显。一定程度上限制了优秀人才的成长与发展,不利于调动人才积极性。

2. 选拔标准不统一

干部选拔一直是企业管理的难题。在干部选拔过程中,一个容易出现的问题是过于依靠主观评价。由于不同人的喜好不同,会由于标准不一,无法确保选拔质量的稳定性,甚至还会导致裙带主义和山头文化。当然,也不能过分关注标准化,一把尺子量尽天下英雄,最后误杀个性十足的精英人才(张小峰等,2020)。

3. 工资总额不足、薪酬水平低,难以做到刚性兑付

国家对国有企业实行工资总额管控。由于工资总额的稀缺性,在国有企业薪酬激励时,往往面临着刚性兑付和工资总额不足之间的矛盾。而工资总额的不足往往会导致激励不足。即便领导干部自身觉悟较高,也需要仓廪实而知礼节,恰当的有竞争力的薪酬激励是不可或缺的,但目前很多国有企业干部管理的问题是薪酬能高不能低,难以做到根据考核结果刚性兑付。

4. 考核机制不健全

绩效考核作为指挥棒,一直是管理中的难点。部分国有企业的干部考核,一个主要的问题是老好人思想,大家轮流坐庄、吃"大锅饭",致使干部不求进取、业绩平平;或者走到另一个极端,过于关注业绩结果,致使领导干部出现各种短期行为。

5. 能上不能下

干部选用的一个突出问题是能上不能下。缺乏"下"的条件和通道,极有可能造成干部终身制,形成"铁交椅",形成干部队伍的"堰塞湖",也会出现论资排辈,山头林立、干部队伍老化、思想僵化等问题。由于职位有限,也不利于激发青年人才的奋斗激情。

四、政策建议

1. 建立干部流动机制,畅通晋升发展通道

(1)建立干部流动机制。通过鼓励干部到发展较为落后的分支机构挂职、任职,或者集团型企业鼓励干部到子公司任职,既有利于企业发展,也有利于解

决干部职数问题。

（2）建立多通道的职业发展体系。以"管理+专业"双通道为原型,企业可以结合自身特点,丰富通道设置。各通道的职级上限拉平,对于专业能力强,但是不善于管理的人才,可以通过在专业通道的晋升,达到职业生涯的巅峰,解决千军万马过独木桥的问题。

2. 统一选拔标准,创新选拔机制

（1）建立能力素质模型。1973 年,麦克利兰首次提出胜任力的概念。因为根据冰山模型理论,知识和技能只是看得见的冰山上的部分,而对于冰山下的部分,如个性特点和动机等虽然不好察觉,却是影响履职效能的关键要素。对于国有企业,要解决选拔标准不统一的问题,可以借鉴胜任力素质模型的构建方法,形成本企业不同层级领导干部的选拔标准,从而用较为量化的方式进行干部选拔。例如,杨德民（2021）认为,企业"一把手"应该具备的胜任素质就包括三个方面:成就导向（有抱负、能决断、百折不挠）,战略思维（大格局、高瞻远瞩、有穿透力）,团队领导（宽胸襟、洞察人性、能聚人心）。同时,"一把手"确定后,还要注意选优配强整个班子,班子配备的核心是匹配互补:一是年龄结构,要有梯度,不要过于集中在某个年龄段;二是能力结构与专业背景互补,知识结构合理;三是阅历结构,要个人经历差异化,规避天然小圈子;四是性格结构上,要避免单一,无明显冲突（杨德民,2021）。

（2）创新干部选拔机制,变"相马"为"赛马"。干部选拔最重要的是建立一个人才辈出的机制,给每一位候选人同样的竞争机会,在统一的规则下,能者上、平者让、庸者下,赛马不相马,让快马脱颖而出,让慢马受到鞭策。千里马常有,伯乐不常有。企业构建选拔机制,就是靠规则来筛选组织中的千里马（张小峰等,2020）。赛马机制就是要给予企业中每一位员工展现自我、表达自我和实现自我的机会,按照人岗相适、人事相宜的原则,建立完善以能力和业绩为导向的市场化干部选拔任用机制,将外部的市场竞争压力无阻碍地传导到企业内部。

3. 建立市场化激励约束机制,实现薪酬能高能低

（1）建立市场化激励约束机制。2018 年国务院印发《关于改革国有企业工资决定机制的意见》,完善国有企业工资决定机制。对主业处于充分竞争行业和领域的商业类国有企业明确原则上可以实行备案制。也就是说,原则上,这类企业可以结合所在行业和企业自身特点,形成年度工资总额预算,不再需要上报核准,企业工资总额管理方式更为灵活高效。当然,企业在确定工资总额时,还是要注意选取利润、EVA、净资产收益率等效益效能指标。在此背景下,这类国有企业可以实行更为市场化的激励约束机制。以效益和价值创造为导向进行薪酬分配,实行薪酬和业绩与市场的双挂钩,实行"高业绩、高薪酬、高压力"的三高管理,薪酬分配向价值创造者倾斜。注重短期激励与长期激励相结合。国有企业领导人员一般都是年薪制,关注的是当期激励。除此之外,国有企业还可以对任期制和契约化管理的领导人员设置任期激励,在允许范围内还可以设置股权激励、超额利润分享等多种形式的中长期激励,既是对短期激励的一种补充,也能避免国有企业领导人员追求短期利益而损害了企业的长远利益。

(2)薪酬分配与考核强挂钩,刚性兑付,能高能低。强化绩效考核在薪酬分配中的运用,合理拉开不同考核等次差距,确保"干多干少不一样",打破原有的"大锅饭"思想,也让"躺平"者躺不住。所谓刚性兑付就是该奖励的时候要说到做到,该处罚的时候也要敢于动真格。根据《"双百企业"推行经理层成员任期制和契约化管理操作指引》,经理层成员薪酬结构一般包括基本年薪、绩效年薪、任期激励等(西子,2020)。其中,绩效年薪是与年度经营业绩考核结果挂钩的浮动收入,原则上占年度薪酬(基本年薪与绩效年薪之和)的比例不低于60%。年度考核不合格的,扣减全部绩效年薪。也就是说,如果干得不好,绩效被评为不合格,60%的薪酬就没有了。薪酬能下的一个关键是考核不能"软"。例如,有的企业实行考核结果的强制分布,规定必须有一定比例的人员被评价为最低档次,或者当考核得分低于一定分数,就强制被评为最低档次。以此真正实现薪酬能高能低,激发干部的斗志。

4. 实行任期制和契约化管理,科学干部考评体系

(1)实行任期制和契约化管理。全面推行任期制和契约化管理,对于干部全部签订契约,实行契约化管理、制度化退出。正职既承担整体战略绩效又承担重点任务;副职既承接组织绩效又承担个人关键业绩指标和重点任务。要坚持业绩贡献和价值导向,实行强制分布和薪酬刚性兑现。价值创造、价值评价、价值分配是完整的人力资源价值循环,只有把干部的目标与其获得的待遇挂钩,建立起投入与回报之间的稳定预期,才能够真正调动干部的干事创业热情,让干事者不吃亏,让搭便车者不得利,在组织内形成正向循环(张小峰等,2020)。要实行契约化任用,干部和职位之间是动态匹配的关系,胜任则上、失职则下,而非干部终身制。任期制是实现干部与职位的动态适应,能上能下、能进能出的有力工具。任期制指的是干部在职工作的时间有明确限定的机制。干部经选拔上任后履行规定职责,享受相应职位待遇,任职期满如果没能连选连任,则离任另行参与选聘或由组织安排横向交流,原职位待遇、职权取消。

(2)科学制定任期制和契约化管理考核指标。根据《"双百企业"推行经理层成员任期制和契约化管理操作指引》,目标值应该科学合理、具有一定挑战性,一般根据企业发展战略、经营预算、历史数据、行业对标情况等设置(西子,2020)。对于职业经理人,考核以经营业绩考核指标为主,根据岗位职责和工作分工,确定每位职业经理人的考核内容及指标,年度和任期经营业绩考核内容及指标应适当区分、有效衔接。考核指标目标值设定应当具有较强的挑战性,力争跑赢市场、优于同行。考核指标目标值应当结合本企业历史业绩、同行业可比企业业绩情况等综合确定。怡安咨询认为指标设计需匹配企业战略规划,体现长期价值。除通常的规模、效益、股东回报等财务指标外,还关注研发投入、创新、风险控制等高质量持续发展类指标。

(3)注意做到三个区分开来。《关于进一步激励广大干部新时代新担当新作为的意见》指出,要切实为敢于担当的干部撑腰鼓劲。建立健全容错纠错机制,宽容干部在改革创新中的失误错误,做到"三个区分开来"。

5. 多措并举,实现干部能上能下

(1)统一认识,营造良好氛围。扎实做好对各级领导人员的宣贯培训,引导干部树立正确的价值观、业绩观,破除干好干坏一个样、不犯错误不退位的错误思想,为干部能下营造有利的舆论环境。

(2)完善实施细则,确保下之有据。尤其要把领导人员综合考评结果、任期制和契约化业绩考核结果作为推进干部能下的重要依据。对经营发展滞后、考核评定靠后等符合下的条件的领导人员实行严格刚性退出,做到能下就得下、该下必须下。

（3）落实"三个区分开来"要求，准确把握容错纠错的政策界限。正确处理推动干部能上能下与鼓励创新、宽容失误的关系，大力营造鼓励探索、宽容错误的氛围，给广大真正想干事的干部吃下一颗"定心丸"。

（4）加强干部"下"后管理，避免一下了之。下的干部难免会有抵触情绪，要通过谈心谈话，帮助"下"的干部疏导思想情绪，引导正确对待岗位调整，以积极的心态开展工作。加强后续跟踪教育管理工作，对认真吸取教训、积极努力工作，德才表现和工作实绩突出且经考察符合任职条件的，可以提拔使用，推动形成能上能下的良性循环。退出不仅是组织发起机制，也可以是干部的自发行为。对于组织要求退出岗位的干部，要给机会，加以培养，鼓励再次胜任；对于退出的干部，要给足面子，提供配套政策，实现"台上风光、台下舒坦"（张小峰等，2020）。

第十二章　国有企业家

一、引言

改革开放以来,国有企业不断取得重大的发展进步,涌现出了一批又一批拥有核心竞争力的创新骨干(王芳和田鹏颖,2022)。2017年9月,《关于营造企业家健康成长环境弘扬优秀企业家精神更好发挥企业家作用的意见》印发,这是中央首次以专门文件正式提出了"国有企业家"这一概念。它不但点明了国有企业与企业家是我国经济发展的重要主体,同时也充分肯定了"企业家精神"在我国经济活动中的核心价值与地位(吴晓航,2020)。党的二十大报告提出"高质量发展是全面建设社会主义现代化国家的首要任务",而开创新发展格局、实现高质量发展需要一大批优秀的国有企业家来承担重任。

"企业家"这一概念最初由法国经济学家理查德·坎蒂隆在1755年出版的《商业性质概论》中提出,被定义为"承担经营风险的人"。后来"企业家"泛指在"企业"这一经济组织中的最高层领导者(贾旭东和解志文,2023)。他们决定了一个组织的未来,因为企业家需要充分运用所拥有的人力资本,综合协调组织中的各类活动,尽力降低组织活动成本的同时还需要持续做出相应的创新与决策,这些都对企业的成长具有重大的意义(李军波和吕志华,2007)。企业家在市场的实战中积累了很多宝贵的经验:通过审视周围的客观环境,决定如何进行战略部署、进行市场动向预测、制定相应策略并能够为了实现组织目标而做出相应的指挥行为(叶龙祥和钟锦宸,2023)。一个合格的企业家,其核心职能必然是创新,因而其必须是一个敢于承担风险、擅长将各类挑战转为机遇、拥有进取精神并能够有目的地捕捉市场变化从而寻找到创新源泉的经营者(贾旭东和解志文,2023)。国有企业家和国企干部的不同主要体现在:第一,层级不同,一般而言,国有企业家因为影响重大,一般都在较高层级,国企干部涉及各个层级;第二,视角不同,国有企业家意味着企业家精神,强调承担风险,敢于创新、善于协调,有特定的素质能力要求,而国企干部更多强调身份和职务;第三,管理手段不同,对于国有企业家更多强调激活,发挥主观能动性;对于国企干部则要强化约束和控制,同时也要加强激励。党和政府对于国有企业家有明确的要求,有相应的政策文件,所以本章对国有企业家进行单独分析。

2023年11月的《国资报告》卷首语指出,国资国企是加快发展中国式现代化建设的核心力量源泉。国有企业家是党在经济发展方面的执政标杆,他们是治国理政的复合型核心骨干,深化国资国企改革的着力点是弘扬企业家精神。2021年9月,党中央批准了中宣部梳理的第一批纳入中国共产党人精神谱系的伟大精神,企业家精神被纳入其中。目前学术界对于企业家精神的内涵已达成了共识,创新意识始终被认为是企业家精神的最核心要素,更是企业家精神的灵魂(姜付秀等,2021)。习近平总书记高度肯定国有企业家群体为国家经济活动所作出的贡献,多次倡导要发扬"企业家精神"。2020年7月21日,习近平总书记在主持召开企业家座谈会中,充分认可了企业家群体所展现出的精神风貌,明确提出了五点希望,分别是"增强爱国情怀""勇于创新""做诚信守法的表率""承担社会责任""拓展国际视野",全面概括了新时代下企业家精神的要素与内涵,为新形势下弘扬企业家精神提供了思想和行动方面的指南(叶龙祥和钟锦宸,2023)。改革开放以来我国的迅速发展为企业家精神打造了广阔的生长平台(王芳和田鹏颖,2022)。

当前,世界形势变化莫测,为国有企业的前进带来了许多不确定性。我国的经济巨轮正在不断向高质量发展的新航道迈进,这离不开一批又一批优秀的国有企业家所付出的不懈努力。究竟应该如何持续地构建国有企业家的发展机制,如何鼓励支持国有企业家进行创新活动,如何塑造国有企业家成长的环境,这些理论和实践问题迫切需要得到解答。

二、政策及文件分析

党和政府对于企业与企业家的创新发展十分重视,希望广大企业家贯彻落实党的核心思想、弘扬企业家精神,努力提升转变我国经济发展方式,为社会作出更大的贡献。为此,党和政府发布了一系列灵活高效的政策,切实地维护企业家的权益、支持企业家心无旁骛、一心一意创新发展。

2017 年 9 月,中共中央、国务院发布《关于营造企业家健康成长环境弘扬优秀企业家精神更好发挥企业家作用的意见》。这是中央首次以专门文件提出了"国有企业家"的概念,肯定了企业家是经济活动的重要主体,明确了企业家精神的价值和地位。其提出深入贯彻习近平总书记系列重要讲话精神和治国理政新理念新思想新战略,着力营造依法保护企业家合法权益的法治环境、促进企业家公平竞争诚信经营的市场环境、尊重和激励企业家干事创业的社会氛围,引导企业家爱国敬业、遵纪守法、创业创新、服务社会,调动广大企业家积极性、主动性、创造性,发挥企业家作用。其中,还呼吁要激发国有企业家服务党服务国家服务人民的担当精神。国有企业家要更好地肩负起经营管理国有资产、实现保值增值的重要责任,做强做优做大国有企业,不断提高企业核心竞争力。

2018 年 5 月,中共中央办公厅出台的《关于进一步激励广大干部新时代新担当新作为的意见》对建立健全容错纠错机制专门提出要求,这是中央首次从制度层面作出规定。总的是按照"三个区分开来"要求来把握。"三个区分开来"是习近平总书记在 2016 年省部级主要领导干部学习贯彻党的十八届五中全会精神专题研讨班上的重要讲话中提出的,包含以下内容:要把干部在推进改革中因缺乏经验、先行先试出现的失误和错误,同明知故犯的违纪违法行为区分开来;把上级尚无明确限制的探索性试验中的失误和错误,同上级明令禁止后依然我行我素的违纪违法行为区分开来;把为推动发展的无意过失,同为谋取私利的违纪违法行为区分开来……实行"三个区分开来",能够为敢于担当负责的国有企业家撑腰打气,给敢想敢干的国有企业家建立了容错纠错机制,倡导对其在创新中的试错行为更加宽容。

2019 年 9 月,国家发展改革委印发《关于建立健全企业家参与涉企政策制定机制的实施意见》明确建立政府重大经济决策主动向企业家问计求策的程序性规范,集思广益、发扬民主,推动企业家积极参与涉企政策制定,调动广大企业家积极性、主动性、创造性,更好发挥企业家作用,坚定企业家信心,稳定企业家预期,促进经济持续健康发展。该意见还提出充分听取企业家对涉企政策的意见建议,畅通企业家提出意见诉求的渠道,健全企业家意见处理和反馈机制,完善涉企政策宣传解读和执行监督等主要任务。

2019年12月,国务院国资委印发《百户科技型企业深化市场化改革提升自主创新能力专项行动方案》,在完善公司治理体制机制方面,方案提出加快推动科技型企业董事会应建尽建、配齐配强;健全董事选聘、管理、考核、评价、退出等机制,提高董事会科学决策水平;全面落实科技型企业董事会依法行使重大决策、选人用人、薪酬分配等权利。在强化市场化激励约束机制方面,该方案提出科技型企业工资总额可以实行单列管理,且不列入集团公司工资总额预算基数、不与集团公司经济效益指标挂钩;大力推行股权激励、分红激励、员工持股、超额利润分享、虚拟股权、骨干员工跟投等中长期激励方式。

2020年2月,国务院国资委与国家知识产权局联合印发《关于推进中央企业知识产权工作高质量发展的指导意见》,提出"以高质量发展为主线,以提升自主创新能力为根本,以保护企业合法权益为基础,以促进科技成果转化为重点,以激发企业家和科研人员创新创造活力为导向,巩固和增强中央企业知识产权创造、运用、管理能力,不断完善知识产权保护体系,健全体制机制,更好发挥知识产权对中央企业创新发展的支撑作用,为建设知识产权强国作出积极贡献"。

2021年4月,国家发展改革委、科技部印发《关于深入推进全面创新改革工作的通知》,指出"应努力探索建立数据资源产权、交易流通和安全保护等基础制度和标准规范,促进平台经济和共享经济健康发展,鼓励支持自主创新产品迭代应用,赋予科研机构更大人事自主权,推动科技创新力量布局、要素配置、人才队伍体系化和协同化,坚决破除影响和制约科技核心竞争力提升的体制机制障碍"。

2022年8月,科技部、财政部印发《企业技术创新能力提升行动方案(2022—2023年)》,提出"加强对企业家的战略引导和服务,举办企业家科技创新战略与政策研讨班,充分发挥企业家才能,支持企业家做创新发展的探索者、组织者、引领者。建立企业家科技创新咨询座谈会议制度,定期组织沟通交流,开展问计咨询。构建企业创新高端智库网络,引导支持企业提升科技创新战略规划能力"。

2023年5月,二十届中央财经委员会第一次会议还特别指出,要倍加珍惜爱护优秀企业家,大力培养大国工匠,这为中国企业创建世界一流企业找准了发力点。我们需要承认企业家的核心价值,培育优良的言论环境,看见企业家的特殊劳动,尊重企业家的职业发展声望,充分弘扬企业家精神,同时还应认识到优秀的企业家是全社会的稀缺资源,采取一系列措施努力保护企业家的合法权益。

表 12.1 相关重点政策文件

时　间	发文机关	政策文件
2017 年 9 月	中共中央、国务院	《关于营造企业家健康成长环境弘扬优秀企业家精神更好发挥企业家作用的意见》
2018 年 5 月	中共中央办公厅	《关于进一步激励广大干部新时代新担当新作为的意见》
2019 年 9 月	国家发展改革委	《关于建立健全企业家参与涉企政策制定机制的实施意见》
2019 年 12 月	国务院国资委	《百户科技型企业深化市场化改革提升自主创新能力专项行动》
2020 年 2 月	国务院国资委与国家知识产权局	《关于推进中央企业知识产权工作高质量发展的指导意见》
2021 年 4 月	国家发展改革委、科技部	《关于深入推进全面创新改革工作的通知》
2022 年 8 月	科技部、财政部	《企业技术创新能力提升行动方案（2022—2023 年)》

总体来看,自 2017 年中央首次以专门文件提出了"国有企业家"的概念至今,相关政策不断涌现,出台文件侧重点不一,印发针对性逐步增强,改革层次愈发细化,政策为支持国有企业家的社会环境改革提供了根本指引。然而,从以上政策文件也可以看出,当前国有企业家制度迭代和改革方向的探索仍处于初期阶段,未来仍有待不断推进有关国有企业家管理制度方面的创新,积极探索和完善适应国有企业家的专属制度支持。政府应提供更多优质的官方服务,协助保持市场平衡,作为总规则的把控者与制定者,持续地鼓励激发企业家敢想敢干、持之以恒、心无旁骛,在中国市场扎根深耕。

三、国有企业家的现状分析

（一）国有企业家的现状

习近平总书记在 2020 年 7 月召开的企业家座谈会上强调:"企业家要带领

企业战胜当前的困难,走向更辉煌的未来,就要弘扬企业家精神,在爱国、创新、诚信、社会责任和国际视野等方面不断提升自己,努力成为新时代构建新发展格局、建设现代化经济体系、推动高质量发展的生力军。"改革开放以来,中国的企业从落后到逐渐跟上,最终成为领跑,并能够在一系列重大项目、工程、创新上持续有所突破,无处不体现出了企业家创新能力与企业家精神的重要性。但是,在发展过程中也伴随着各种困难,当前国际形势变化莫测为我国企业的发展带来了很多不确定性,企业家们不得不解决许多全新的挑战。中国企业家调查系统课题组追踪调查显示,最近几年以来认为不确定因素增多对企业经营造成了困难的企业家占比明显增加。2020 年该数据为 29.1%,而 2022 年这一数值增加至了 41.6%。调查结果还显示企业的管理与运营面临着很多其他挑战,如企业成本压力上升、资源与环境的约束也在不断加大。2022 年,调查显示有 20.6% 的国有企业家认为全球供应链存在不稳定的状况,15.7% 的国有企业家认为改革开放进入深水区、存在较多不确定性,还有 23.5% 的国有企业家认为组织管理能力和创新能力亟待提升(李兰等,2023)。通过与世界一流企业进行对标可以发现,我国与传统欧美一流企业在资产规模与经营上已基本旗鼓相当。在发展的过程中,国有企业家既要能够做到敏锐洞察到一般人所无法觉察的机会,还要一直勇于争做发展与创新的开路先锋,这不仅需要能够充满耐心、想到一般人无法想到的问题解决办法,还需要能够灵活地协调运用一般人所不能运用的资源。国有企业家不仅是国有企业的核心经营者与管理者,还是国家在发展经济、开拓发展的进程中不可缺少的一种生产要素,在推动国有企业改革发展中具有决定性的作用。他们的角色是非常综合和复杂的。

(二)有关国有企业家的现存挑战

1. 亟待建立有效的激励机制,应鼓励创新包容的社会氛围

当前,对国有企业家的激励机制有时显得仍然不够科学(周亚和袁健红,2022)。国有企业家是一个组织中最核心的经营者,也是能够推动经济生产发展的"关键少数",他们受到成长周期的制约,是珍贵的人才资源(周亚和袁健红,2022)。因此,为他们长期提供鼓励包容、开拓创新的社会环境、健全良好的激励机制是十分重要的。然而,当前没有完全地形成鼓励国有企业家创新的文化氛

围、树立激励型的社会风气,有时精神激励较为欠缺,物质激励手段有些单一。企业与社会并未从董事会、市场和法律等方面展开整体性的激励工作,然而这些内部与外部群体的协同其实对企业家的成长和发展十分重要(徐尚昆等,2020)。

2. 新时代企业家精神内涵有待探讨,仍需摸索中国特色企业家成长路径

中国对企业家精神的探索要晚于西方,且国情不同,随着中国特色社会主义进入了新时代,专门针对新时代下企业家精神的探讨正初步涌现出来,虽然已经有一定的发展,但目前仍较为局限。具体来说,当前的相关言论大多将重点放在了企业家精神的整体发扬和优秀个例的培育上,而缺乏对民族特性和国家特性的深入探索,既没有充分结合国有企业的文化传统,也没有专门研究国有企业的发展特色(王芳和田鹏颖,2022)。因此,当前仍然缺乏总结富有中国特色的企业家精神内涵(李海舰等,2022),以把企业家精神培育与国有企业高质量发展结合起来,针对性地摸索国有企业家成长的路径、学习国有企业家的成长规律、构建具有中国特色的企业家精神内涵理论。新时代始终呼唤与时俱进的企业家精神,这需要我们努力总结富有中国特色的企业家精神要素,有针对性地对我国新生代的国有企业家群体进行系统性的爱国激励与培养,助力国家高效实现更佳的发展,收获更丰厚的效益,达到更优的产业质量,拥有更强的竞争能力(宋承敏,2015)。

3. 公平竞争环境,亟待完善意见处理和反馈机制

企业家精神的发扬需要一系列的制度支撑(雷红和高波,2022),当前规范的公平竞争环境仍有待完善,意见处理和反馈机制有待健全。国有企业家的理性与市场环境相关,不正当的市场竞争泛滥,就会打破市场秩序建设,产生各种影响企业家积极性的情况,如行业垄断、行政门槛、侵权压力等(林善浪和宋时达,2019)。企业家无法施展自己的才能,就会失去经营的动力,对未来发展缺乏信心(周亚和袁健红,2022)。

4. 仍需培养国有企业家的国际视野,持续解决全球化严峻挑战

在当今的全球化时代,聚焦国际市场动向和外部风险挑战始终是高效发展的必经之路(王芳和田鹏颖,2022)。随着全球经济形势下滑,以及国际关系愈发紧张,我们正面临着前所未有的严峻形势。由于成长年代的制约,部分国有企业家的管理思想仍因循于传统模式。尽管科技与技术在不断发展,但这并不代表组织管理模式也有所更新,很多国有企业家可能难以适应全球市场的新变化。因此,国有企业家的国际视野仍有待持续培养,以努力做到立足中国的前提下放眼世界,促进国内与国际的双循环(李海舰等,2022)。

四、政策建议

习近平总书记在 2016 年 10 月全国国有企业党的建设工作会议上指出:"对国有企业领导人员,既要从严管理,又要关心爱护,树立正向激励的鲜明导向,让他们放开手脚干事、甩开膀子创业。"

优秀的国有企业家是国有企业最高层的领导者,不仅要对国有企业家政治上爱护、工作上支持、思想上关怀,而且要给予这些干事者以更多的机会,去其忧才能立其志,不断加强对他们的正向保障与激励,更要给予他们以不断试错、重整旗鼓、总结经验的机会。

(一)树立正向激励导向,鼓励企业家自强不息坚定信念

新时代是国有企业奋斗者的时代,社会需要始终积极建设国有企业家的激励机制,构建积极向上、宽容失败、鼓励创新的社会氛围,树立激励型社会风气,鼓励国有企业家自强不息、追求卓越、敢于担当、艰苦奋斗。在树立正向激励导向之后,国有企业家才能够坚定信念、积极作为,持续地推动产业升级和创造行业价值,充分发扬创新精神以推动各行业的稳步发展,这可以为整个社会带来丰富的经济效益和更多的就业机会,因此,为国有企业家构建适合茁壮成长的精神土壤将十分重要。

(二)加大社会帮扶力度,呼吁国有企业家践行国家使命

国有企业家通过科技创新创业,满足了人们多样化的需求,为人们带来更多的产品和服务选择,并且他们还在发展科技创新、管理创新成果和提升商业模式创新方面发挥着重要作用。然而除了经济目标之外,国有企业家还承担着一些社会与民族责任,如帮助国企实现国家战略、促发展、保民生、稳就业等。也就是说,他们需要努力践行国家使命,并从整体战略和民生福祉的角度进行高度决

策。因此,应加大对国有企业家的帮扶力度,帮助国有企业家解决决策中的实际困难,积极给予相应的政策扶持,积极召唤拥有爱国敬业、为民奉献、履行责任、服务社会等伟大情怀的国有企业家多想多干。

（三）倾听国有企业家诉求,健全意见处理和反馈机制

国有企业家在行业发展、国家经济提升、社会进步等各个方面均作出了重要的贡献,他们的成功经验和精神风范为社会发展提供了宝贵的借鉴和启示,是社会的宝贵财富。因此,应重视国有企业家的心声和需求,社会可以采取一些方式对企业家工作与生活满意度给予关注,如健全国有企业家意见处理通道、倾听国有企业家的诉求、持续关心其工作生活和思想状态等,以鼓励企业家放下包袱轻装上阵,构建起积极沟通的正循环。

（四）弘扬优秀企业家精神,探索中国特色的企业家精神内涵

企业家精神,作为中国共产党人精神谱系的重要组成部分,在波澜壮阔的历史进程中,为积累社会财富、创造就业岗位、促进经济社会发展、增强综合国力作出了重要贡献。企业家精神是增强企业核心竞争力的源泉,其重要性可见一斑,国有企业更是应该在弘扬企业家精神这方面起到带头模范作用。应不断加大对国有企业家精神培养方面的关注力度,尊重支持国有企业骨干弘扬企业家精神。同时,还应努力传承红色基因,尝试摸索国有企业家成长的路径,学习探索国有企业家的成长规律,构建具有中国特色的企业家精神内涵。

（五）培养国有企业家的国际视野,立足国内与国际两个大局

国有企业代表了国家所属、全民所有的组织,国有企业家的努力能够代表国家本身,在一定程度上可以推动国内与国际经济的发展、深化国内外经济的交流。党的二十大报告在推动高质量发展中着重强调:"深化国资国企改革,加快国有经济布局优化和结构调整,推动国有资本和国有企业做强做优做大,提升企业核心竞争力。"弘扬企业家精神与加快建设世界一流企业连在一起。未来要注重不断培养国有企业家的国际视野,做到俯瞰国内与国际两个大局,立足中国、放眼世界。

（六）坚持严管和厚爱相结合,落实"三个区分开来"

党的十八大以来,在作风及思想建设方面出台了一系列制度措施,在净化了

领导干部思想的同时,也指出了个别干部畏首畏尾、不敢创新的不良现象(石艳红等,2023)。"三个区分开来",具有重大的历史、理论和实践意义(徐瑜璐,2023)。"三个区分开来"的要求提出后,可以说给敢想敢干的干部吃了一颗"定心丸",因为它呼吁宽容在工作中特别是改革创新中的失误,为干部建立了容错纠错体系(杨巨帅和黄武,2020)。当前,在全新的历史起点上,创新发展已经进入攻坚阶段,可以说每前进一步都是难啃的硬骨头。当前的政策能够给敢想敢干的人"兜住底""开绿灯",这不仅是一种公平,也是一次伟大的尝试(王立峰,2023)。

对于国有企业家应始终坚持严管和厚爱相结合:一是在严管方面,应坚持党的领导,抓好党建工作,加强党对企业家队伍的建设,创好、用好、管好一支对党忠诚、团结创新、管理有方、廉洁无私的国有企业家队伍。二是在厚爱方面,其核心首先在于关心、激励和支持国有企业家积极成长和大胆创新,营造一个积极健康的大环境,从而推动产业发展。这需要建立一种包容失败的文化,鼓励企业家尝试新的方法和策略,即使这些尝试可能不总是一次成功的。为企业家提供一定的"试错空间"有助于国有企业家在压力较小的环境中持续探索和实验。在厚爱中重激励,需加强对干部的关爱关心,通过规范程序,建立免责、防错、纠错等系列配套制度、深入交心谈心,全面了解干部在思想、工作、生活中遇到的问题,让国有企业家感受到组织的温暖,增强干事创业的内生动力。三是鼓励国有企业家创新需要系统性地整合多个组织层面的策略,确保从结构到文化、从资源配置到机制,每个方面都能支持创新热情、促进创新勇气。国有企业应该优化组织结构和管理流程、鼓励信息共享和企业家间的合作,打破创新过程中的壁垒,建立完善的创新体系和生态系统,帮助企业家开展尝试,推动国有企业家创新的孵化和落地。总之,应包容国有企业家在创新中的正当失误,激励其进行精神塑造,激发企业家的活力,为其发展提供动力支持,使兼备党性信念与职业智慧的企业家不断涌现。

第十三章　高技能人才

一、引言

党的二十大报告首次将大国工匠、高技能人才纳入国家战略人才力量。一系列政策也相继出台,这些政策包括加强高技能人才队伍建设、明确高技能人才发展目标、重塑职业技能等级制度、加大培训力度、完善选拔使用激励机制、强化组织领导等,这些都反映出高技能人才在新时代得到了党和国家的高度重视。这一人才群体熟练掌握着丰富的理论知识和精湛的技艺水平,是推动科技成果转化为生产力的关键一环(李玲,2017)。高技能人才在不同行业和领域的应用范围越来越广,其在推动科技发展、经济增长和社会进步等方面发挥着至关重要的作用(李柯平,2021)。目前国有企业高技能人才数量较大,整体素质较高,对推动企业创新发展、提升产业水平和促进就业都具有重要意义,但还需进一步提升创新能力以更好适应经济发展需求。根据《高技能人才队伍建设中长期规划(2010—2020 年)》,高技能人才指具有高超技艺和精湛技能,能够进行创造性劳动,并对社会作出贡献的人,主要包括技能劳动者中取得高级技工、技师和高级技师职业资格的人员。

高技能人才短缺的影响因素主要分为内部因素和外部因素。内部方面,学者主要从人才自身的背景因素进行考量:王春辉(2010)归纳出专业理论知识、心理、年龄等 9 项影响高技能人才培养效果的指标;方瑜婷(2010)从个人特征、人力资本和企业环境角度研究了高技能人才的内在影响。外部方面,曾湘泉(2002)和常海庆(2004)认为高技能人才短缺的根本原因是市场失灵;李晓凌

(2008)认为政府资金投入不足,法规制度不健全影响了高技能人才建设;洪伟竣(2005)认为部分企业更关注短期收益,而高技能人才培训时间长、成本高,企业投入缺乏动力;于艇(2007)认为职业院校培养体系与企业实际需求严重脱节,师资力量薄弱都影响了高技能人才的培养效果。

在高技能人才市场供需矛盾加剧的情况下,建立高效合理的培养模式和评价机制就显得尤为重要。在高技能人才的培养模式研究方面:彭腾(2005)认为,高技能人才培养包括形成尊重技艺技能的社会氛围、完善评价、考核和激励薪酬制度、加大政策支持力度和经费投入力度、深化职业院校教育改革四方面;洪伟竣(2005)在以上四方面的基础上,又提出还需要发挥大型国有企业的主体作用;王雪生(2005)、甄贵章(2005)和孙伟宏(2006)都着重强调了校企合作机制在培养高技能人才的重要地位,认为应该引导企业参与学校的教学工作,让职业教育更契合市场需求。对于高技能人才队伍建设的评价内容,目前研究主要分为个体能力评价和群体特征评价。个体能力评价方面,学者主要根据高技能人才的内涵和技能构成要素建立评价指标体系。吕凤军(2012)为各项指标根据专业知识、技能水平、综合素质的不同设立不同权重;杨诗华(2014)从自身实践出发,在构建评价指标体系中更为关注技能水平、工作业绩、潜在能力。群体特征评价方面,学者主要根据队伍群体素质建立评价指标体系。张元(2004)关注的是年龄结构、文化结构、技术等级结构等五方面;曹霞等(2010)主要从政策效应和政策效率两方面进行评估。

当前国有企业高技能人才流动性较大,劳动密集型大规模企业尤为明显(冯桂林,2005);在许多国企人才选拔制度上,还大量存在重学历重关系、轻能力轻技术的落后观念(李萍,2015),对高技能人才的培养和留用提出了巨大挑战。

二、政策及文件分析

自2003年底第一次全国人才工作会议上党中央明确提出"高技能人才"的概念至今,我国颁布了众多关于高技能人才的政策文件。

2003年12月,中共中央、国务院印发的《关于进一步加强人才工作的决定》从全局和战略的高度,围绕继续教育制度、全面推行建设职业资格制度等方面展开,再次强调了人才强国战略的重要地位,明确提出了我国人才工作的根本任务、指导方针和总体要求,是新世纪新阶段我国人才工作的行动纲领。

2006年6月,《关于加强高技能人才队伍建设的意见》将高技能人才纳入国家人才发展战略的重要组成部分,明确了高技能人才队伍建设的目标任务。该意见首次明确了高技能人才在国家人才发展战略中的地位,强调了职业教育和培训的重要性,同时也提出了为高技能人才提供制度保障的措施。

2006年12月,《高技能人才队伍建设中长期规划(2006—2020年)》明确了高技能人才队伍建设中长期规划的总体目标、主要任务和发展重点,提出加强职业教育和培训、提高高技能人才队伍规模和素质的具体措施,并确定了高技能人才队伍建设的主要领域和产业方向。

2010年7月,《关于进一步加强高技能人才工作的意见》再次强调了高技能人才工作的重要意义,明确提出新时期高技能人才工作的指导思想,围绕国家发展战略,调整了高技能人才队伍建设目标和任务,并加大了高技能人才培训力度。

2016年12月,《关于推进高技能人才创新发展的重要举措》明确了高技能人才创新发展的战略地位和重要作用,提出了高技能人才创新发展的总体目标、基本原则和主要任务,并加大了对高技能人才创新发展的政策支持力度。

2020年11月,《关于支持企业大力开展技能人才评价工作的通知》针对做好支持企业大力开展技能人才评价工作提出九项事项。该通知明确向企业放权,鼓励企业自主确定评价范围、评价标准、职业技能等级等,自主开展技能人才评价。

2022年3月,《关于健全完善新时代技能人才职业技能等级制度的意见(试行)》将技能人才职业技能等级延伸为新八级工。该制度推行工学一体化培养模式,引导用人单位向高技能人才倾斜分配工资等措施在完善职业技能等级制度、让技能劳动者获得公平发展机会、更好激发技能人才活力等方面取得较大成效。

发展新质生产力不是要忽视、放弃传统产业,大国工匠在发展传统产业、新兴产业和未来产业的进程中都发挥着重要作用。在政府工作报告第二部分"2024年经济社会发展总体要求和政策取向"中,指出"高素质劳动者众多的人才优势"是四大优势之一;在报告第三部分"2024年政府工作任务",第二项"深入实施科教兴国战略,强化高质量发展的基础支撑"中指出,要加快建设国家战略人才力量,努力培养造就更多一流科技领军人才和创新团队,打造卓越工程师和高技能人才队伍等。

从以上可以看出,高技能人才政策发展可按时间划分为高技能人才培养体系逐步建立期(2003—2009 年)、高技能人才培养工作深化实施期(2010—2017 年)以及高技能人才发展环境优化建设期(2018 年至今)三个时期(罗尧成等,2021)。关于高技能人才的政策文件主要包括加强高技能人才队伍建设、明确高技能人才发展目标、加大培训力度、完善选拔使用激励机制、强化组织领导。高技能人才政策文件在颁布实施过程中倡导多方参与,突出了对高技能人才的重视和支持,强调产学研深度融合和创新实践能力的培养,注重人才结构优化,服务产业升级。

表 13.1　相关政策文件

时　　间	发文机关及会议	政策文件
2003 年 12 月	中共中央、国务院	《中共中央、国务院关于进一步加强人才工作的决定》
2003 年 12 月	劳动和社会保障部	《关于贯彻落实中共中央、国务院关于进一步加强人才工作决定做好高技能人才培养和人才保障工作的意见》
2004 年 4 月	劳动和社会保障部	《关于健全技能人才评价体系推进职业技能鉴定工作和职业资格证书制度建设的意见》
2006 年 6 月	中共中央办公厅、国务院办公厅	《关于进一步加强高技能人才工作的意见》
2006 年 8 月	劳动和社会保障部	《关于推动高级技工学校技师学院加快培养高技能人才有关问题的意见》
2007 年 3 月	劳动和社会保障部	《高技能人才培养体系建设"十一五"规划纲要(2006 年—2010 年)》
2008 年 1 月	劳动和社会保障部	《关于建立国家高技能人才培养示范基地的通知》
2010 年 6 月	中共中央、国务院	《国家中长期人才发展规划纲要(2010—2020 年)》
2011 年 11 月	人力资源和社会保障部、财政部	《国家高技能人才振兴计划实施方案》
2015 年 3 月	人力资源和社会保障部	《高技能人才队伍建设中长期规划(2010—2020 年)》

续上表

时　　间	发文机关及会议	政策文件
2018 年 3 月	中共中央办公厅、国务院办公厅	《关于提高技术工人待遇的意见》
2018 年 9 月	人力资源和社会保障部	《技能人才队伍建设工作实施方案（2018—2020 年）》
2018 年 12 月	人力资源和社会保障部	《关于在工程技术领域实现高技能人才与工程技术人才职业发展贯通的意见（试行）》
2020 年 11 月	人力资源和社会保障部	《关于支持企业大力开展技能人才评价工作的通知》
2020 年 12 月	人力资源和社会保障部	《关于进一步加强高技能人才与专业技术人才职业发展贯通的实施意见》
2021 年 1 月	人力资源和社会保障部	《技能人才薪酬分配指引》
2021 年 3 月	第十三届全国人民代表大会第四次会议	《中华人民共和国国民经济和社会发展第十四个五年规划和 2035 年远景目标纲要》
2021 年 6 月	人力资源和社会保障部、财政部、国务院国资委等	《关于全面推行中国特色企业新型学徒制加强技能人才培养的指导意见》
2021 年 6 月	人力资源和社会保障部	《人力资源和社会保障事业发展"十四五"规划》
2021 年 6 月	人力资源和社会保障部	《关于印发"技能中国行动"实施方案的通知》
2021 年 12 月	人力资源和社会保障部、教育部、国家发展改革委等	《"十四五"职业技能培训规划》
2022 年 3 月	人力资源和社会保障部	《关于健全完善新时代技能人才职业技能等级制度的意见（试行）》
2022 年 10 月	中共中央办公厅、国务院办公厅	《关于加强新时代高技能人才队伍建设的意见》
2024 年 3 月	国务院	《政府工作报告》

三、国有企业高技能人才现状分析

（一）高技能人才现状分析

1. 需求显著提升

随着市场竞争的加剧和技术创新的加速，国企需要不断引进和培养高技能人才，以适应市场需求和技术变革的需要。相较于一般民营企业，国企由于其特殊的性质和地位,承担更多的社会责任和公共利益,因此在关键技术、重大项目和重要领域中,需要具备高技能、专业素质和业务能力的人才来支撑企业的发展和壮大,对于高技能人才的需求更加注重质量和数量。

2. 供给存在不足,质量亟待提升

数量方面,我国技能劳动者占就业人口总量不足30%,数量供给与实际需要存在一定差距。目前国有企业一线员工中占据主要比例的仍是初级工、中级工,而高级工数量较少(李柯平,2021)。

质量方面,职业院校教育水平不足,培养体系与市场实际需求不符(赵苏阳,2012),高技能人才培养存在问题。此外,目前国有企业的人力资源管理办法和人员培训模式都较为单一,学历和职业技能水平差距较大,无法真正发挥出高技能人才应有的作用。

受传统观念等因素的影响,高技能人才没有得到相应的社会尊重和价值认可,间接导致了高技能人才的数量与质量不足。

3. 年龄偏高,严重断档

国有企业的高级工绝大部分在35岁以上,严重缺乏青年高技能人才,另外,年龄稍大的富有经验的高技能人才由于身体状况无法适应高强度工作等因素,很多均选择转岗或处于待岗状态,加剧了高技能人才的断档现象(黄霞,2010)。

4. 人才流失较多

近年来国有企业的高技能人才流失数量远远大于流入数量(冯桂林,2005)。高技能人才的流失加大了国有企业的人员重置成本,招聘新员工再进行培训的费用是挽留老员工的两到三倍;也影响了企业的生产效率,对国有企业的正常运营造成重创。

(二)部分国有企业高技能人才问题分析

1. 高技能人才培养体系有待进一步优化

部分国有企业虽然已经认识到高技能人才的重要性,但培养体系仍相对滞后。究其原因,一方面,开展高技能人才培训耗时长、成本高,部分国有企业预算划拨不合理,再加上高技能人才多在生产一线工作,大规模培训会降低企业生产率,影响企业经营。因此,从短期收益角度出发,很多企业放松了高技能人才培养。另一方面,部分国有企业的培训方式单一,缺乏培训技巧等专业技能,未开展针对性培训(边园园,2016)。

同时,国企和职业院校的联合培养仍存在问题。部分职业院校和技工院校的数量呈现下滑趋势,招生数量大幅降低,生源流失严重。再加上师资力量不足、院校基础设施不完善、教育经费紧缺等因素,职业院校的高技能人才培养模式无法适应不断变化的企业需求。

2. 高技能人才评价体系有待进一步完善

很多国有企业的等级晋升大多仍以工龄资历作为标准,评价结果无法满足用人主体的评价需求,且企业自主开展等级认定,评价结果缺乏公信力(吴立波,2023)。此外,评价工作的规范性、科学性有待提高,技能等级证书种类众多,缺乏有效的行业监管,这都影响了高技能人才的成长。

3. 高技能人才激励体系有待进一步创新

国有企业越来越重视知识技能的提升,不断鼓励创新发展,高技能人才在企业中发挥着至关重要的作用。然而,部分企业的人力资源管理模式没有与时俱进,高技能人才选拔机制不健全,技能水平和职位薪酬不匹配,高技能人才没有得到应有的社会尊重与价值认可,挫伤了高技能人才的积极性。此外,部分国有企业高技能人才收入水平较低,职务晋升制度不完善(胡载彬,2020),激励措施吸引力有待提高。

4. 传统思想观念的制约

受传统"重仕轻工"思想影响,大众容易将学历和技能对立起来,形成技术工人不是人才的错误观念,致使技能人才社会地位和认同度不高(黄霞,2010),无法得到应有的价值回报和社会尊重。

四、解决思路

(一)优化高技能人才培养体系

1. 创新技能人才培养方式

全面深化校企合作、产教融合,充分利用项目合作、设备引进、专业培训等机会,深化行业交流、企企合作,积极选派优秀技能人才到上游设备厂家或关联企业学习交流,开展技能人才合作培养。深化导师制培养、差异化培养,最大限度地发挥高技能人才"传帮带"作用(王超,2020)。

中国商用飞机公司与北京航空航天大学合作建立大飞机研究院,将其打造成我国大飞机高端人才的培养基地和重大试验设施的共享平台。中铁四局集团第七工程公司开展工地课堂培训,与"七棵树"学习项目相互配合,提高培训覆盖面,有效缓解工学矛盾的同时也节约了培训成本。

2. 丰富技能人才培养内容

强化立德树人、德技并修,始终将思想政治教育和职业道德教育作为技能人才培训的重要内容(李贞祥,2023),引导职工自觉践行社会主义核心价值观。充分利用故事案例,常态化开展专题警示教育,增强技能人才安全意识和责任意识。坚持以岗位需求为导向,以提升职业素养和岗位技能为核心,突出培训内容的针对性和实用性,切实提高技能人才标准化作业能力、解决实际问题能力和应急处置能力。

3. 搭建技能人才成长平台

加强职工培训基地、车间实训练兵场和技能大师工作室、劳模创新工作室建设,鼓励支持技能人才深度参与单位生产技术革新,鼓励支持优秀技能人才参加国内外相应专业技能大赛,开展技术交流,提升技能水平。加强特殊技能人才培养,结合新线投产、技术进步、装备更新和国企的重大战略、重大工程等,培养紧缺高技能人才,做好技能人才供需预测和培养规划,将技能人才培养纳入国企发展总体规划和年度计划。

4. 拓展技能人才发展空间

充分发挥高技能人才技术特长,及时把高技能人才安排到重要生产岗位,探索建立管理岗位、专业技术岗位、技能岗位互相衔接机制,畅通技能人才向管理岗位或专业技术岗位流动渠道,形成纵向有阶梯、横向可贯通的技能人才发展路径。

(二)完善高技能人才评价体系

1. 科学评定岗位劳动价值

适应国企技术装备发展和生产劳动组织优化,在规范专业系统工种职名和岗位设置的基础上,针对岗位劳动技能、劳动责任、劳动强度、劳动条件等劳动要素变化实际,动态开展岗位劳动评价,科学评定岗位价值,客观反映岗位间劳动差别。

2. 建立科学的人才评价指标体系

综合运用考试、考核、竞赛、认证等多种评价方法,全面评估技能人才的技能水平和工作表现。同时,注重引入行业专家、企业领导、员工代表等多方参与评价,提高评价的全面性和准确性。评价标准应涵盖技能水平、工作表现、职业道德、创新能力等多个方面,确保评价结果客观、公正(吕凤军,2012)。例如,中国航空工业集团确立了以职业能力为导向、以工作业绩为重点、注重职业道德和知识水平的评价体系。

3. 建立完善的评价质量保障机制

国企应组建专业评委团队,由具备相关专业知识和丰富经验的专家和行业人士组成。评委团队应定期进行培训和学习,以不断提高评价的准确性和科学性。同时国企应建立相应的监督和管理机制,确保评价过程的公正、透明和规范。评价程序应经过严格审核,并建立申诉机制,以防止不公正行为的发生(卢琛,2022)。

(三)创新高技能人才激励体系

1. 物质激励手段

(1)薪酬激励。国企应根据高技能人才的技能水平、技术难易等来制定薪酬等级,将奖金的短期激励和长期激励作用相结合;完善福利体系,综合运用住房福利、医疗福利、交通福利和带薪休假等,给予高技能人才福利倾斜(张志国等,2020)。例如,中国华电集团实施高技能人才专项激励,薪酬分配向关键岗位、核心业务和急需紧缺人才倾斜。

(2)产权激励。企业按一定比例给予员工持股激励,如发放股票期权和限制性股票等方式,与高技能人才分享劳动成果,将高技能人才自身利益和企业效益结合起来;运用法律手段保护高技能人才的创新成果,进行知识产权激励,鼓励员工勇于创新。

(3)硬件环境激励。企业应配备齐全的办公必需品,统一的服装、舒适的环境,为员工提供宿舍、食堂、健身房、阅览室等设施(刘秋生等,2009)。

2. 精神激励手段

(1)工作激励。企业在布置工作后应给予高技能人才一定自主权,允许员工灵活确定工作时间和工作地点,自我管理工作进度;提高工作的价值性和挑战性,锻炼高技能人才的素质和能力。研究表明,工作越复杂,不可控因素越多,高技能人才越能充分发挥创新分析能力,工作激励作用越大。

(2)成就激励。企业应给予优秀的高技能人才一定的荣誉奖励,如对员工取得的成绩进行表彰宣传、采取首席员工制、以员工的名字命名某项技术等方式;完善职称晋升制度,贯通高技能人才与专业技术人才职业发展(汪达玲,2010)。例如,中国石油向国家和集团公司级竞赛优胜选手授予"集团公司技术能手"称号,并纳入"石油名匠"和核心骨干技能人才等集团公司级人才培育计划。

(3)成长激励。企业应根据企业目标和员工个人需要帮助其设立职业生涯规划,并提供有利于实现其职业目标的可行路径;同时,也要完善高技能人才培训体系,加强内部继续教育,根据员工特长制定个性化培训方案,坚持脱产培训与在岗学习相结合,不断提高高技能人才的岗位适应能力和操作技能。例如,中煤陕西榆林能源化工公司在开展人才职业发展贯通工作过程中,深入调研了解员工职业发展的瓶颈,全力推进人才教育培训和各类技能取证工作(徐驰文,2021)。

(4)文化激励。在企业中倡导荣誉文化和榜样引领,通过表彰优秀员工和项目,树立榜样引领作用。同时,通过内部媒体、专题报告等方式,宣传和推广优秀员工的工匠精神,引导更多员工向他们学习和榜样效仿。另外,建立文化激励机制,将工匠精神纳入员工绩效考核、薪酬管理等。通过建立激励机制,给予表现突出、追求卓越的员工更多的机会和福利,激励员工不断提升自己的技能水平和工作质量。

(四)引导技能人才赢得更多社会尊重

(1)个人方面。技能人才需要持续提高专业技能和知识水平,可以通过参加相关培训和学习机构,不断学习新技术和知识,保持与时俱进。同时,技能人才应该注重实践经验的积累,多参与实际项目,亲自实践并总结经验。此外,技能人才还应注重对细节的关注和追求完美,精细工作,严格要求自己,时刻关注每一个细节,力求做到尽善尽美,树立起良好的专业形象,用高度的专业精神得到社会的认可和尊重,提高社会地位。

(2)社会方面。提升技能人才的社会地位需要加强社会各界的认可和推崇。政府可以制定相关政策来鼓励技能人才的发展,提供相应的扶持和保障,如提供更多的培训资源和专业知识的普及。同时,社会媒体可以加大对技能人才的宣传力度,让更多人了解他们的辛勤努力和专业能力,倡导对技能人才的尊重和赞扬。

此外,行业协会和工会也可以组织技能比赛和评选活动,鼓励优秀的技能人才脱颖而出,树立行业榜样,从而提高技能人才的社会认可度和地位。

同时,教育系统也应将技能人才的培养纳入教育体系,修改教育评价体系,让技能人才的努力和成就得到公正的评价,提高技能人才的社会地位。

(五)大力弘扬工匠精神

工匠精神是指对工作的高度责任感和追求完美的态度,体现了对细节的关注和对质量的追求。企业应将工匠精神融入高技能人才培养方案、设置专业课程以及实施教学的过程中,进一步提高高技能人才培养的质量。

(1)开展专业培训持续提高其技能水平。技能人才需要具备扎实的专业知识和技术能力,通过专业交流活动、讲座宣传和吸纳高级技师等途径展示工匠们的精神面貌。

(2)注重实践经验和实际操作。技能人才的工匠精神是通过实际操作和实践经验逐步积累和提升的。企业应多组织技能人才参与实际项目,在实际操作中遇到问题、解决问题,逐渐加深工匠精神。

(3)关注细节和追求完美。鼓励技能人才在工作中注重细节,以追求完美为目标,不断修正和超越自己,发现并纠正问题,提高工作质量和专业水平。

(4)鼓励技能人才参与团队合作和项目管理。技能人才应该注重与团队的合作,在项目参与中加强对工作流程的了解,学习和借鉴他人的经验,提高自己的综合素质。

（5）培养其积极主动的态度和持续改进的意识。技能人才应在工作中主动思考问题，积极寻找解决方案，注重改进和创新，不断提高工作效率和质量。只有保持持续改进的意识，技能人才才能真正成为大国工匠。

参考文献

[1] 陈小沐,曾梨花.创新驱动背景下国企党管人才工作的实践[J].企业文明,2022(7):101-103.

[2] 陈镇华.深化国企改革中强化党管人才的路径探析[J].中外企业文化,2022(2):62-64.

[3] 关敬男.国有企业深化践行党管人才工作的思考[J].科技资讯,2020,18(15):82-83.

[4] 韩强.改革开放以来国有企业党组织地位作用的演变与反思[J].学习论坛,2018(9):14-19.

[5] 侯岩,史彦虎.论国有企业党管人才的原则[J].人民论坛,2013(11):34-35.

[6] 贾绘泽.论中国共产党的五大政治优势[J].求实,2013(2):14-17.

[7] 荆蕙兰,邹璐.新时代全面加强党对国有企业领导的价值意蕴与实践进路[J].东岳论丛,2023,44(4):5-12.

[8] 李抒望.从党管干部到党管人才[J].安徽决策咨询,2004(增刊1):50-51.

[9] 林晨阳.新时代加强国有企业基层党组织建设的思考[J].活力,2023(3):51-53.

[10] 林尚立.阶级、所有制与政党:国有企业党建的政治学分析[J].天津社会科学,2010,1(1):53-58.

[11] 蒲星川,耿文俊,谭建伟.国有企业党建标准化、规范化对国有企业改革转型的影响研究[J].重庆理工大学学报(社会科学),2020,34(8):170-178.

[12] 强舸.国有企业党组织如何内嵌公司治理结构:基于"讨论前置"决策机制的实证研究[J].经济社会体制比较,2018(4):16-23.

[13] 首钢京唐钢铁联合有限责任公司.新形势下国有企业"党管人才"工作新格局的构建与实施[J].企业改革与管理,2023(14):62-69.

[14] 田苗,王立涛.党管人才从哪"管"起[J].人民论坛,2019(1):74-75.

[15] 辛保安.践行党校初心　坚持旗帜领航　建设一流企业党校助推电力事业高质量发展[J].人民论坛,2023(17):6-9.

[16] 杨晓军.对国有企业党管人才与市场化选聘相结合工作的探索[J].中外企业家,2013(6):131.

[17] 叶国文.社会转型与资源整合:从党管干部到党管人才制度变迁研究[J].中共浙江省委党校学报,2005(2):70-75.

[18] 周敬青.中国共产党独特而强大的组织优势[J].红旗文稿,2019(21):38-39.

[19] 周秀红,孔宪峰.国有企业党建与企业文化创新的共生效应[J].武汉理工大学学报(社

会科学版),2011,24(2):164-168.

[20] 曹洋.新形势下国有企业人才工作刍议[J].产业创新研究,2020(15):93-94.

[21] 陈英华.试论新常态下国有企业后备人才的开发[J].领导科学论坛,2018(11):79-80+92.

[22] 陈雍君,田诗雨,李晓健.国企改革背景下人才队伍建设现状与提升策略研究:以某国有勘察设计企业为例[J].管理现代化,2023,43(4):104-111.

[23] 仇莉娜,曹亚克.人力资源需求预测方法探讨[J].商业研究,2005(4):39-41.

[24] 耿瑶,高仁斌.以某国有企业为例,谈国企转型期人才规划[J].人力资源,2020(10):142-143.

[25] 郭文颖.国企人才引进工作存在的问题与对策[J].投资与创业,2022,33(7):156-158.

[26] 胡国阳.国企背景下人力资源管理工作的现状与发展[J].人才资源开发,2020(18):90-92.

[27] 李薇.国有企业人才规划之浅见[J].管理观察,2014(13):97-98.

[28] 刘小苗.浅议新形势下国有企业人才的选育用留[J].办公室业务,2017(24):165-166.

[29] 彭剑锋.人力资源管理概论[M].上海:复旦大学出版社,2020.

[30] 史海玉.浅谈"十四五"时期国有企业人力资源管理规划[J].企业改革与管理,2022(18):80-82.

[31] 王静.复盘国企人力资源规划要点[J].人力资源,2023(12):88-89.

[32] 谢小云,左玉涵,胡琼晶.数字化时代的人力资源管理:基于人与技术交互的视角[J].管理世界,2021,37(1):200-216.

[33] 张军辉.激励机制在国有企业人力资源管理中的应用研究[J].全国流通经济,2021(32):133-135.

[34] 张泽世.施工的国有企业人力资源现状问题及解决对策探究[J].商讯,2019(21):185-187.

[35] 周文斌,李宁,唐华茂.新时代人才强国战略下国有企业人才队伍建设研究[J].企业经济,2023,42(4):16-27.

[36] 彭亚丽.国有企业人事制度改革与发展[M].北京:中国社会科学出版社,2022.

[37] 国世才.深度优化国有企业人力资源路径探析[J].人民论坛,2021(20):96-97.

[38] 曾庆生,陈信元.国家控股、超额雇员与劳动力成本[J].经济研究,2006(5):74-86.

[39] 钟秋燕.国有企业人才招聘现状及对策分析:以福建省漳州市为例[J].人才资源开发,2022(15):87-89.

[40] 李艳艳.国企人才招聘效能提升策略分析[J].现代商业,2022(12):73-75.

[41] 路晓莉.提升国有企业人才招聘有效性的策略[J].中国人事科学,2020(1):30-34.

[42] 严向阳.分析国有企业人才招聘模式、存在问题及改进对策:以江苏交通控股有限公司为例[J].智库时代,2018(31):161-162.

[43] 龙芳.国有企业人才招聘模式存在问题及解决对策:以某市国有企业为例[J].现代经济信息,2016(13):133-134.

[44] 史辉情.浅析国有建筑施工企业人才招聘问题及对策[J].科技展望,2016,26(4):21-22.

[45] 刘建林.基于国有企业人才招聘现状及解决对策的几点思考[J].现代经济信息,2015(1):100.

[46] 陈付伟.国有企业人才招聘存在的问题及对策[J].企业研究,2013(10):123.

[47] 李晓彦.人与组织匹配:人才招聘选拔新视角:某国有企业的实践探索[J].中国人力资源开发,2014(16):34-40.

[48] 仇磊.国有企业人才招聘中存在的问题与对策:以A集团为例[J].中国商论,2019(18):244-245.

[49] 罗艳.探讨集团化国有企业人员招聘甄选的可靠性与有效性[J].人才资源开发,2023(10):88-90.

[50] 薛松森,高梦起.国有企业在人才引进中存在的问题及对策[J].企业改革与管理,2019(7):80+84.

[51] 李默之.基于国有企业"人才流失"的全过程招聘与配置研究[J].就业与保障,2021(21):112-114.

[52] 冯岩.大中型国有企业建立内部人才市场机制探讨[J].交通企业管理,2022,37(1):74-75.

[53] 考佳欣.从放权让利到分类改革:中国国有企业改革历史回顾[J].国际融资,2015,(11):22-24.

[54] 徐颂陶,孙建立.中国人事制度改革三十年[M].北京:中国人事出版社,2008.

[55] 黄惠荣.谈国有交通运输企业人才机制[J].广西经贸,2000(3):41-42.

[56] 赵忠林.国有企业改革中人力资源管理的问题及解决措施分析[J].投资与合作,2022(7):148-150.

[57] 陈付伟,刘庆彪,史林渠.国有企业人才招聘存在的问题及对策[J].人力资源管理,2013(6):170.

[58] 李昕.基于国有企业人才招聘现状及解决对策的几点思考[J].东方企业文化,2014(1):194.

[59] 周晖,侯慧娟,马瑞.企业雇主品牌吸引力及其形成机理研究[J].商业研究,2009(11):80-83.

[60] 黄蕾,胡蓓.基于雇主品牌构建的企业校园招聘管理研究[J].中国高新技术企业,2008

(19):43-44.

[61] 高丹,刘博.基于企业雇主品牌的校园招聘策略研究:以周大福珠宝金行有限公司为例
[J].产业创新研究,2020(3):73-75.

[62] 裴崴.基于区位调整的人才招聘体系探索[J].冶金管理,2023(20):86-88.

[63] 欧阳奕.人工智能技术在企业人力资源管理中的应用探析[J].四川劳动保障,2023
(11):42-43.

[64] 曹洋.新形势下国有企业人才工作刍议[J].产业创新研究,2020(15):93-94.

[65] 方阳春,陈超颖.包容型人才开发模式对员工工匠精神的影响[J].科研管理,2018,39
(3):154-160.

[66] 陈雍君,田诗雨,李晓健.国企改革背景下人才队伍建设现状与提升策略研究:以某国有
勘察设计企业为例[J].管理现代化,2023,43(4):104-111.

[67] 孙冬梅.新时代国有企业人才培养创新路径研究[J].科学管理研究,2019,37(5):
148-151.

[68] 李重达.推动新时代国有企业人才工作迈上新台阶[J].中国人才,2022(6):62-63.

[69] 郝鹏.深入学习贯彻习近平总书记重要论述新时代国资央企取得历史性成就[J].现代
国企研究,2022(6):8-13.

[70] 周文斌,李宁,唐华茂.新时代人才强国战略下国有企业人才队伍建设研究[J].企业经
济,2023,42(4):16-27.

[71] 董悦,欧阳茜子.中央企业持续推动人才强企体制机制研究探析[J].现代国企研究,
2023,(S1):17-22.

[72] 张忠义,王志斌,宋斌,等.新时代背景下企业职工培训体系的重构[J].成人教育,2023,
43(4):9-14.

[73] 王雄.新时代国有企业人才资源建设的现状与优化路径[J].领导科学,2020(22):88-90.

[74] 范华飞.国有企业员工职业发展通道建设策略研究[J].中国电子科学研究院学报,
2021,16(12):1239-1242.

[75] 陈娟.浅谈员工职业生涯规划管理在国有企业人才培养中的作用[J].中国管理信息化,
2022,25(24):114-116.

[76] 白正平.现代国有企业制度下人力资源的开发与利用[J].煤炭经济研究,2018,38(2):
67-73.

[77] 高蓓.关于国有企业人才分类评价体系构建与应用研究[J].智库时代,2018(39):
128.

[78] 李晨阳.八部门开展科技人才评价改革试点工作[N].中国科学报,2022-11-11.

[79] 李育辉,唐子玉,金盼婷,等.淘汰还是进阶:大数据背景下传统人才测评技术的突破之

路[J].中国人力资源开发,2019,36(8):6-17.

[80] 李志,李红.社交媒体评估在人员甄选中的应用[J].外国经济与管理,2017,39(12):100-111.

[81] 郦解放,池仁勇,王昀.新时代人才评价的功能定位及载体创新[J].浙江工业大学学报(社会科学版),2021,20(4):425-430.

[82] 梁爽.人才测评技术在企业校园招聘中的应用研究[J].企业改革与管理,2023(8):75-77.

[83] 宋继勋,齐立强,董康成.论高校就业工作体系的构建[J].教育与职业,2011(27):98-99.

[84] 王佃勇.国有企业改革过程中人力资源管理的变革探析[J].中国市场,2021(21):111-112.

[85] 王帅,郑杰洁.为人才"松绑"激发创新创造活力[N].中国组织人事报,2018-06-22(008).

[86] 王媛媛.基于双循环新发展格局的国企人才队伍建设思路与策略[J].企业改革与管理,2021(13):82-83.

[87] 吴新辉.新技术革命时代人才评价的范式转变与方法[J].中国人事科学,2018(3):48-55.

[88] 萧鸣政,楼政杰,王琼伟,等.中国人才评价的作用及十年成就与未来展望[J].中国领导科学,2022(6):47-55.

[89] 萧鸣政,张湘姝.新时代人才评价机制建设与实施[N].前线,2018-10-18(10).

[90] 萧鸣政.当前人才评价实践中亟待解决的几个问题[N].行政论坛,2012(2),1-6.

[91] 谢劼.企业人才标准体系建设探索与实践[J].当代石油石化,2018,26(7):8-13.

[92] 杨月坤,查椰.国外科技人才评价经验的启示与借鉴:基于英国、美国、德国的研究[J].科学管理研究,2020,38(1):160-165.

[93] 周敏,潘其丽.完善国有企业人才评价机制及激励机制[J].时代金融,2018(5):136.

[94] 周晓新,全立云.新时代国有企业人才分类评价体系构建与应用[J].中国人事科学,2018(3):56-65.

[95] 邹润清.国有企业管理人才薪酬激励机制存在的问题及其对策探讨[J].企业改革与管理,2023(21):83-86.

[96] 陈安然.员工激励及企业激励机制的建立[J].经济视野,2014(12):120-121.

[97] 陈腾.浅谈国有企业薪酬制度存在的问题及其改革[J].现代商业,2011(5):143.

[98] 丁明智,张正堂,程德俊.薪酬制度分选效应研究综述[J].外国经济与管理,2013,35(7):54-62.

[99] 公丕明.构建多元化科技人才激励机制[J].中国党政干部论坛,2022(10):85-88.

[100] 何周丽.国有企业股权激励有效性及其提升策略[J].企业改革与管理,2018(7):95-96.

[101] 解利荣.国有企业人才激励机制的研究[J].财讯,2019(34):39-40.

[102] 李春瑜.国有企业股权激励对研发活动的影响[J].经济与管理评论,2023,39(1):134-149.

[103] 李琪.国有企业工资总额预算管理的深化与拓展[J].商场现代化,2022(21):174-176.

[104] 刘国栋.完善国有企业工资总额调控办法的初步思考[J].中国劳动,2017(9):37-39.

[105] 苗馨丹.国有企业股权激励政策刍议[J].财讯,2022(13):10-12.

[106] 石慧珺.国有企业股权激励的政策与实践[J].中国人力资源开发,2014(18):6-10.

[107] 舒建.治理现代化视域下的企业青年管理人才培养机制分析[J].中国青年研究,2019(5):37-41.

[108] 苏少青.论我国国有企业人才激励机制在人力资源管理中的应用[J].商场现代化,2019,(22):81-82.

[109] 苏中兴,周梦非.实施新时代人才强国战略强化现代化建设人才支撑[J].中国行政管理,2022(12):81-86.

[110] 孙丽.探索长效激励机制在国企转型发展中的实践与思考[J].集成电路应用,2018,35(6):57-59.

[111] 谭春平,景颖,安世民.全面薪酬研究述评与展望:要素演变、理论基础与研究视角[J].外国经济与管理,2019,41(5):101-113.

[112] 唐长福.国有企业有效激励机制构建研究[J].现代经济探讨,2015(7):72-76.

[113] 滕菲.国有企业薪酬激励与管理策略分析[J].全国流通经济,2023(5):113-116.

[114] 王芳,田鹏颖.新时代企业家精神推动国有企业高质量发展论析[J].东北大学学报(社会科学版),2022,24(4):118-123.

[115] 王家福.国有企业员工激励机制研究[D].北京:北京交通大学,2007.

[116] 王维霞.论国有企业工资总额预算管理的深化和拓展[J].中国市场,2023(10):168-171.

[117] 王一农.国有企业工资总额预算管理的深化和拓展[J].中国人力资源开发,2014(14):38-42.

[118] 王英君.国企人力资源激励机制中薪酬福利制度研究[J].劳动保障世界,2019(15):4.

[119] 王媛,任嘉卉.新时期有效促进国有企业科技创新的科技人才激励机制构建:基于同步激励理论视角[J].科技管理研究,2023,43(12):165-175.

[120] 魏文娟.浅析如何加强国企薪酬管理[J].老字号品牌营销,2022(2):76-78.

[121] 文跃然,周欢.从货币报酬思维走向总体报酬思维[J].中国人力资源开发,2015(2):

16-20.

[122] 夏凡.完善国有企业收入分配正向激励机制[J].中国党政干部论坛,2020(4):56-59.

[123] 肖婷婷.我国国有企业负责人中长期激励若干问题研究[J].中国劳动,2016(12):19-26.

[124] 邢赛鹏,赵琛徽,张扬,等.全面薪酬激励如何驱动企业人力资本价值提升:基于国家电网湖北电力公司的案例研究[J].中国人力资源开发,2017(11):119-130.

[125] 徐建.浅谈国企员工激励[J].科教导刊-电子版(上旬),2013(12):114-115.

[126] 杨菁华.国有企业绩效考核与激励机制研究[J].管理学家,2023(6):82-84.

[127] 袁媛.小米集团股权激励制度分析[J].商展经济,2022(8):95-97.

[128] 赵公民,李欣.我国国有企业员工激励机制研究[J].中国行政管理,2008(6):82-84.

[129] 赵慧敏.我国上市公司股权激励对公司绩效的影响研究:以小米集团为例[D].成都:西南财经大学,2021.

[130] 赵曙明.新经济时代的人力资源管理[J].南京大学学报(哲学.人文科学.社会科学版),2002(3):34-42.

[131] 赵小华.基于信息经济学理论的国有企业激励机制和人力资源管理改革研究[J].中国工程咨询,2015(1):68-70.

[132] 赵熠如.人才争夺战打响小米股权激励放大招[N].中国商报,2022-04-01(006).

[133] 周三多,陈绍业.管理学[M].北京:高等教育出版社,2019.

[134] 周文斌,李宁,唐华茂.新时代人才强国战略下国有企业人才队伍建设研究[J].企业经济,2023,42(4):16-27.

[135] 陈坚,滕兴荣,余辉.岗位管理体系建设的实践与展望[J].石油组织人事,2020(4):61-66.

[136] 崔晗,徐莹.大型国有企业人力资源优化的实现途径:以武汉钢铁(集团)公司为例[J].武汉冶金管理干部学院学报,2017,27(3):3-5.

[137] 段建武.略论国有企业提高劳动经济管理水平的有效途径[J].经济师,2014(7):233-234.

[138] 方颖.国有企业工作分析的问题与解决对策[J].管理观察,2013(1):26-27.

[139] 郭京生,朱国成,袁家海,等.企业岗位管理[M].北京:经济管理出版社,2017.

[140] 何献华,杨文华,袁成薇.新时代企业岗位管理体系的构建研究:评《企业岗位管理》[J].领导科学,2023(5):157.

[141] 吉敏,王阁,邱索娅,等.国有企业岗位分析存在的问题及其对策探讨[J].人力资源管理,2015(8):1.

[142] 姜华欣,王佳佳.央企推行岗位聘任制的四大路径[J].国家电网,2020(1):25-28.

[143] 蒋华全,张静,戚静,等.国有企业岗位价值评价的探索与实践[J].石油组织人事,2021
(9):60-64.

[144] 李雪灵,刘源,樊镁汐,等.平台型组织如何从新冠疫情事件中激活韧性:基于事件系统
理论的案例研究[J].研究与发展管理,2022,34(5):149-163.

[145] 刘琛琛.全方位透视事业单位岗位分析[J].人力资源,2023(10):14-16.

[146] 刘洁.国企定岗定编的影响因素及策略分析[J].经济与社会发展研究,2022(24):
101-103.

[147] 刘青山,原诗萌.千帆竞渡创一流:国企改革三年行动主体任务基本完成综述[J].国资
报告,2022(8):16-49.

[148] 刘霞.事业单位岗位管理:理论与操作[M].北京:中国人事出版社,2006.

[149] 马荣.国有企业员工内部竞聘方案设计思路[J].经济与社会发展研究,2023(22):
154-156.

[150] 孟磊,施川.企业"四新"岗位管理体系的创新与实践:以国网浙江省电力有限公司为例
[J].企业改革与管理,2021(12):94-95.

[151] 饶先艳.企业岗位管理中的人岗匹配相关问题探析[J].现代企业文化,2021(35):
68-69.

[152] 施旭平,宁娜.国有企业定岗定编的影响因素及策略分析[J].现代国企研究,2017
(2):21.

[153] 孙雅坤.科研事业单位岗位管理政策脉络及现状研究[J].产业与科技论坛,2023,22
(12):181-182.

[154] 覃上朝.国企改革中的人力资源管理工作建议[J].轻工科技,2021,37(11):100-
101.

[155] 万宏.国有企业组织结构设计的原则[J].四川师范大学学报(社会科学版),2005(5):
45-49.

[156] 王玉秀.国企岗位设置管理与人员招聘问题[J].现代企业文化,2022(19):121-123.

[157] 吴旭.建立岗位评价与绩效考核相结合的薪酬分配体系[J].四川劳动保障,2017
(11):32.

[158] 许志强,柴燕.人力资源4P管理探索[J].中国石油企业,2006(5):92-93.

[159] 阎亚鹏.岗位分析在企业人力资源管理中的应用探讨[J].品牌研究,2023(24):92-94.

[160] 杨建功.如何成功导入应用岗位说明书[J].人口与经济,2009(增刊1):50-51.

[161] 赵一娜.国有企业岗位分析存在的问题及对策[J].管理学家,2023(4):43-45.

[162] 郑红杰.邯光公司岗位管理优化设计[D].天津:河北工业大学,2022.

[163] 朱鑫.浅谈新时期国有企业如何做好定岗定员管理[J].市场周刊·理论版,2020

（15）：143.

[164] 朱祖平,曾国镇,朱睿剑.数字经济下平台型组织变革对员工创造力的影响研究[J].东南学术,2022(4):188-197.

[165] 祖雪梅.从国企三项制度改革谈组织机构与岗位优化[J].石油组织人事,2020,(2):80-82.

[166] 陈微波.利益分析视角下我国国有企业劳动关系的定位思考[J].当代经济研究,2011(10):64-70.

[167] 傅利平,王鲁豫,韩涓.关于国有企业改制中构建和谐劳动关系的几点思考:以河南省为例[J].中州学刊,2013(4):88-90.

[168] 高景芳,于春敏.论和谐劳动关系构建中的政府角色定位:基于"国家悖论"的理论分析[J].理论与改革,2010(2):134-138.

[169] 韩喜平,周颖.新常态下国有企业和谐劳动关系的构建[J].理论探索,2016(1):75-79.

[170] 康静萍.改制后的国有企业劳动关系特征及其协调机制研究:基于公平分配的视角[J].教学与研究,2012(4):40-46.

[171] 劳动科学研究所课题组,郑东亮.构建和谐劳动关系若干问题研究[J].中国劳动,2007(3):6-12.

[172] 李锦峰.国企改制以来的工人身份认同:产业工人的身份、契约与劳动关系变迁[J].太平洋学报,2012,20(7):1-15.

[173] 李娟,张靖琳,于晓鹤.国有企业建立人才退出机制的建议[J].东方企业文化,2012(7):61.

[174] 李向北.国有企业人力资源管理中的劳动关系管理[J].企业科技与发展,2020(8):157-158.

[175] 梁晖.国有企业构建市场化用工机制刍议[J].创新世界周刊,2023(10):87-88.

[176] 凌云.内部劳动力市场强度对劳动关系有效和谐的影响评价[J].首都经济贸易大学学报,2014,16(2):88-96.

[177] 刘瑞华.新时代国有企业和谐劳动关系构建研究[D].长春:吉林大学,2023.

[178] 刘洋.改制后国有企业的劳动关系:现状、问题与协调治理路径[J].教学与研究,2018(7):33-43.

[179] 申峰.关于国有企业集体协商的实践与思考[J].中外企业文化,2023(6):132-134.

[180] 田毅鹏,王浩翼.后单位背景下国企劳动纠纷及消解之道:以C市A厂为例[J].福建论坛(人文社会科学版),2018(3):48-56.

[181] 王丽颖.国企改革中的几个重点问题及其解决路径:以吉林省16家国有企业改革为视角[J].税务与经济,2019(4):100-105.

[182] 王少波.国企改制中劳资冲突走向暴力现象解析:以通钢集团和林钢集团改制中出现的暴力事件为例[J].中国人力资源开发,2010(3):89-91.

[183] 王双清.国有企业改革及劳动关系发展历程综述(二)[J].中国工运,2017(2):78-80.

[184] 王星,刘九青.国有企业员工市场化退出过程中需要关注的重点问题思考[J].中国金属通报,2022(12):132-134.

[185] 王兴华.国有企业:劳动关系与三方权利平衡机制设计[J].会计与经济研究,2013,27(2):88-95.

[186] 杨浩楠.我国集体协商困境的劳动法应对美国合理协商单元认定的启示[J].中外法学,2020,32(2):540-559.

[187] 游晓宇.中国集体谈判制度的现状及其完善建议[D].福州:福建师范大学,2022.

[188] 张琦.建立现代企业制度的理论探索:中国20世纪90年代的企业改革思想[J].中国经济史研究,2023(1):151-167.

[189] 左德松.构建国有企业和谐劳动关系的思考[J].企业改革与管理,2021(24):93-94.

[190] BUCK B, MORROW J. AI, performance management and engagement:kee＊＊ your best their best[J]. Strategic HR Review, 2018, 17(5): 261-262.

[191] MALIK A, BUDHWAR P, Kazmi B A. Artificial intelligence (AI)-assisted HRM:Towards an extended strategic framework [J]. Human Resource Management Review, 2023, 33(1): 100940.

[192] ZHU H. Impact of artificial intelligence on human resource management and its countermeasures[C]//2021 3rd International Conference on Artificial Intelligence and Advanced Manufacture. 2021: 1210-1214.

[193] ZOHAIR A, MAHMOUD L. Prediction of Student's performance by modelling small dataset size[J]. International Journal of Educational Technology in Higher Education, 2019, 16(1):1-18.

[194] 《完善国有制造类企业数字化运营体系研究》课题组,李红五,魏进武,等.国有制造类企业数字化运营面临的困境及对策建议[J].现代国企研究,2023(11):62-65.

[195] 曹雅丽.专项行动引领国企数字化转型可期[N].中国工业报,2021-03-24.

[196] 曹勇新.基于数据分类模型对海关数字化转型的思考[J].海关与经贸研究,2022,43(4):53-66.

[197] 陈煜波,马晔风,黄鹤,等.2022.全球数字人才与数字技能发展趋势[J].清华管理评论,(Z2):7-17.

[198] 陈煜波,马晔风.数字人才:中国经济数字化转型的核心驱动力[J].清华管理评论,2018(Z1):30-40.

[199] 程小杰.如何建立战略驱动向下的组织能力提升:组织能力的杨三角理论在某集团的成功应用[J].市场周刊(理论研究),2013(9):25-26.

[200] 董毓格,龙立荣,程芷汀.数智时代的绩效管理:现实和未来[J].清华管理评论,2022,(5):93-100.

[201] 何宪.2022.加快数字化人才队伍建设的思考[N/OL].中国组织人事报,2022-08-08(6).

[202] 牛福莲,陈维宣.央国企数字化转型的进展、障碍与建议[J].中国经济报告,2022(4):39-50.

[203] 戚聿东,杜博,温馨.国有企业数字化战略变革:使命嵌入与模式选择:基于3家中央企业数字化典型实践的案例研究[J].管理世界,2021,37(11):137-158.

[204] 王轶辰.国企数字化转型提速[N].经济日报,2022-06-17.

[205] 肖兴政,冉景亮,龙承春.人工智能对人力资源管理的影响研究[J].四川理工学院学报(社会科学版),2018,33(6):37-51.

[206] 薛新龙,岳云嵩.世界各国如何构建数字人才体系[N].理论导报,2022-10-30.

[207] 杨国安.数智革新:中国企业的转型升级[M].北京:中信出版社,2021.

[208] 张敏,赵宜萱.机器学习在人力资源管理领域中的应用研究[J].中国人力资源开发,2022,39(1):71-83.

[209] 张欣瑞,范正芳,陶晓波.大数据在人力资源管理中的应用空间与挑战:基于谷歌与腾讯的对比分析[J].中国人力资源开发,2015(22):52-57.

[210] 赵宜萱,赵曙明,栾佳锐.基于人工智能的人力资源管理:理论模型与研究展望[J].南京社会科学,2020,(2):36-43.

[211] 周文霞,潘真.企业的另一种福祉:数字化时代的员工职业生涯发展[J].清华管理评论,2022(9):115-121.

[212] 朱诗悦.数字经济背景下运营商数字化转型问题及策略研究[J].商业经济,2022(9):154-156.

[213] 陈凯华,郭锐,裴瑞敏.我国科技人才政策十年发展与面向高水平科技自立自强的优化思路[J].中国科学院院刊,2022(5):613-621.

[214] 陈瑞飞,韩霞,韩学影,等.政府资助科技人才成长路径研究:基于21世纪日本诺贝尔科学奖获得者的特征分析[J].科学管理研究,2023(3):151-160.

[215] 陈小平,萧鸣政.青年科技人才素质模型实证研究[J].中国青年社会科学,2023(4):82-89.

[216] 杜鹏程,李敏,倪清,等.差错反感文化对员工创新行为的影响机制研究[J].管理学报,2015(4):538-545.

[217] 黄涛,王慧.高层次科技人才成长的"双螺旋"模式研究:基于湖北省两院院士的实证分

析[J].科学管理研究,2023(2):157-163.

[218] 胡一翔.优化大中型国有企业科技人才培养模式研究[J].企业改革与管理,2023(5):77-78.

[219] 李艺凡.国有企业科技人才薪酬激励机制研究[J].中国集体经济,2024(5):134-137.

[220] 李欣,马文雅,林芬芬.基于政策多维度分析的中国科技人才政策量化研究[J].中国科技论坛,2023(10):105-118.

[221] 李燕萍,刘金璐.改革开放以来我国科技人才队伍建设的实践与展望[J].中国人力资源开发,2018(11):30-43.

[222] 柳美君,李伟平,杨斯杰,等.长三角区域一体化政策对科技人才流动的影响研究[J].科学学研究,2024,42(4):733-745.

[223] 芮绍炜,康琪,操友根.科技自立自强背景下加强战略科技人才培养与梯队建设研究:基于上海实践[J].中国科技论坛,2023(9):28-37.

[224] 苏中兴,周梦非.实施新时代人才强国战略强化现代化建设人才支撑[J].中国行政管理,2022(12):81-86.

[225] 谭玉,吴晓旺,李明雪.科技人才评价与激励政策变迁研究:基于1978—2018年政策文本分析[J].科技与经济,2019(5):66-70.

[226] 王剑斌,安维东,何彦,等.青年科研人才成长特征与资助策略优化研究[J].中国科学基金,2023(3):488-495.

[227] 王媛,任嘉卉.新时期有效促进国有企业科技创新的科技人才激励机制构建:基于同步激励理论视角[J].科技管理研究,2023(12):165-175.

[228] 邢涛,陈军,马龙.国有企业高水平科技人才队伍建设:时代之问,实践困境与探索路径[J].现代企业文化,2023(28):129-132.

[229] 徐芳,晋新新,刘杨,等.我国科技人才评价的问题与建议:基于内部绩效管理与外部人才选拔的维度[J].科学学与科学技术管理,2023,44(11):37-45.

[230] 姚心仪,朱天聪,张虎翼.制造业领域创新型企业的科技人才队伍建设:基于我国飞机制造企业实践的研究[J].中国科技人才,2023(1):62-69.

[231] 殷凤春,田楠楠,严翔.绿色技术转移视角下科技人才集聚的碳减排效应再检验[J].科学管理研究,2023(4):117-124.

[232] 于海波.北京市培养关键核心技术人才的理路与机制[J].北京社会科学,2023(9):24-34.

[233] 张小峰,吴婷婷.干部管理[M].北京:中国人民大学出版社,2020.

[234] 孙明睿.基于党管干部原则的国有企业干部管理分析[J].中外企业文化,2022(8):

105-107.

[235] 张世飞.习近平提出"三个区分开来"的重要意义[Z]//人民论坛.2017:34-36.

[236] 张慧英.国有企业干部监督工作探析[J].经济师,2010(8):289-290.

[237] 龚新旺.严刹选人用人歪风:《干部选拔任用工作监督检查和责任追究办法》的六大看点[J].党的生活(黑龙江),2019(6):28-30.

[238] 杨德民.国有企业人力资源问题的本质[M].北京:中国财富出版社,2021.

[239] 陈慧,殷波,郑欣瑜.社会主义国有企业家能力素质与成长周期的匹配关系研究[J].北京邮电大学学报(社会科学版),2016,18(2):51-59.

[240] 胡志朋.落实"三个区分开来"要重点把握几个环节[J].领导科学,2016(21):15.

[241] 贾旭东,解志文.基于扎根范式的企业家核心能力研究[J].管理学报,2023,20(1):1-13.

[242] 雷红,高波.市场化进程与企业家精神[J].经济经纬,2022,39(5):121-130.

[243] 李海舰,杜爽,李凌霄.企业家精神形成的影响因素研究[J].企业经济,2022,41(1):35-44.

[244] 李军波,吕志华.国有企业的企业家问题及其解决思路[J].江西社会科学,2007(5):145-147.

[245] 李兰,王锐,彭泗清.企业家成长30年:企业家精神引领企业迈向高质量发展:中国企业家队伍成长与发展30年调查综合报告[J].管理世界,2023,39(3):113-136.

[246] 林善浪,宋时达.为培育企业家精神营造良好制度环境[J].人民论坛,2019(28):64-65.

[247] 石艳红,李酰,史梦宇.什么样的错才能容:准确把握落实"三个区分开来"的政策边界[J].中国纪检监察,2023(17):16-18.

[248] 宋承敏.如何管理国有企业企业家[J].人民论坛,2015(5):74-75.

[249] 王芳,田鹏颖.新时代企业家精神推动国有企业高质量发展论析[J].东北大学学报(社会科学版),2022,24(4):118-123.

[250] 王立峰.坚持"三个区分开来":为实干型干部保驾护航[J].人民论坛,2023(10):50-53.

[251] 吴晓航.关于培育国有企业家精神的研究与思考:以天津市市属国有企业为例[J].国有资产管理,2020(3):43-49.

[252] 徐尚昆,郑辛迎,杨汝岱.国有企业工作经历、企业家才能与企业成长[J].中国工业经济,2020(1):155-173.

[253] 徐瑜璐.影响"三个区分开来"落实的深层根源[J].人民论坛,2023(17):61-63.

[254] 杨巨帅,黄武.严管厚爱　激励担当:既全面从严又注重"三个区分开来"[J].中国纪检

监察,2020(15):21.

[255] 叶龙祥,钟锦宸.弘扬新时代企业家精神的理论逻辑与对策探析[J].中共福建省委党校(福建行政学院)学报,2023(2):143-151.

[256] 张世飞.习近平提出"三个区分开来"的重要意义[J].人民论坛,2017(26):34-36.

[257] 周亚,袁健红.新时代企业家精神的塑形要素、内涵特征及构建路径[J].学习与实践,2022(12):48-58.

[258] 李柯平.加强国有建筑企业高技能人才培养的对策探讨[J].企业改革与管理,2021(8):84-85.

[259] 李玲.加强国有企业高技能人才队伍建设的工作思路与措施[J].人才资源开发,2017(2):119.

[260] 冯桂林.我国高技能人才需求问题的调查与思考[J].江汉论坛,2005(8):126-130.

[261] 李萍.新形势下国企高技能人才队伍建设[J].企业改革与管理,2015(14):53.

[262] 吕凤军.基于多层面分析的高技能人才评价指标体系构建[J].企业经济,2012(6):26-58.

[263] 杨诗华.技能评价体系在拓宽人才成长通道中的作用[J].中国商贸,2014(2):20-52.

[264] 张元.论中国高技能人才队伍建设[J].职业技术教育,2004,25(31):20-23.

[265] 曹霞,王洋洋,程逸飞.高层次创造性人才队伍建设政策机制效果评价的指标体系[J].科技与经济,2010,23(1):71-74.

[266] 王春辉.高技能人才成长路径及相关效果评价研究[D].天津:天津理工大学,2010.

[267] 谌新民,方瑜婷.高技能人才成长影响因素的实证研究:以珠三角为例.广州大学学报(社会科学版),2010,9(2):45-50.

[268] 曾湘泉,汪雯.入世后中国技术工人面临的问题与对策[J].经济理论与经济管理,2002(12):46-50.

[269] 常海庆.企业技术工人短缺的原因与对策[J].上海企业,2004(10):41-44.

[270] 李晓凌.山东省高技能人才队伍建设研究[D].济南:山东大学,2008.

[271] 洪伟竣.试论我国高技能人才短缺的原因及对策[J].湘潭师范学院学报,2005(2):50-52.

[272] 于艇.吉林省高技能人才队伍建设问题初探[D].长春:吉林大学,2007.

[273] 彭腾,阚小良.论我国现阶段的高技能型人才紧缺[J].岳阳职业技术学院学报,2005(4):13-19.

[274] 王雪生,汤文颖,孙彦国.校企合作才能培养高素质技能型人才[J].石家庄铁路职业技术学院学报.2005(增刊1):112-115.

[275] 甄贵章.构建产学研合作机制,培养新型高技能型人才[J].辽宁高职学报,2005(1)：57-58.

[276] 罗尧成,冉玲.我国高技能人才政策沿革、问题及其应对[J].中国职业技术教育,2021(25)：47-53.

[277] 黄霞.重庆市大型国有企业高技能人才开发研究[D].重庆：重庆大学,2010.

[278] 边园园.高技能人才培养中的问题及解决对策[J].企业改革与管理,2016(8)：82.

[279] 胡载彬.企业高技能人才队伍建设面临的问题及举措[J].人才资源开发,2020(10)：95-96.

[280] 王超.新形势下企业高技能人才的培养探索[J].中国外资,2020(6)：76-78.

[281] 李贞祥.赓续红色基因,德技并修培养高技能人才[J].职业,2023(10)：67-69.

[282] 卢琛.职业教育转型背景下高技能人才培育方案建设[J].继续教育研究,2022(6)：54-58.

[283] 张志国,相雪.新时代国有科研机构技术创新人才激励模式探究[J].人才资源开发,2020(9)：21-24.

[284] 刘秋生,朱苓.知识型员工的非物质激励体系研究[J].中国管理信息化,2009,12(3)：72-75.

[285] 汪达玲.创新企业高技能人才激励机制[J].上海企业,2010(12)：76-77.

[286] 徐驰文.构建具有活力和创新力的国有企业科技人员激励机制：以中国西电集团为例[J].现代商业,2021(24)：70-72.

[287] 曾天山."岗课赛证融通"培养高技能人才的实践探索[J].中国职业技术教育,2021(8)：5-10.

[288] 李时辉,陈志军,王波.创新型高技能人才培养体系构建[J].高等工程教育研究,2021(5)：154-158.

[289] 刘瑛.企业高技能人才培养的现状与路径探析[J].工会理论研究(上海工会管理职业学院学报),2019(3)：49-55.

[290] 程瑰莹.关于企业高技能人才评价工作新机制的思考[J].人才资源开发,2017(18)：138-139.

[291] 陈昌初.高技能人才培训基地建设与人才培养的探索实践[J].就业与保障,2021(13)：21-22.